Franzosen in Köln

Am 6. Oktober 1794 erobern 100 zerlumpte Franzosen mal eben die größte Stadt Deutschlands: Köln. Sie bleiben 21 Jahre. Seitdem ist nichts mehr, wie es war...

Franzosen in Köln

1794 bis 1815

Gerhard Ziebolz (Hrsg.)

MATERNUS

Reihenhinweis: *Edition Klein Köln, Bd. 2*

Die Deutsche Bibliothek - CIP-Einheitsaufnahme

Franzosen in Köln : 1794 bis 1815 / Gerhard Ziebolz (Hrsg.). - 1. Aufl. -
Köln : Maternus, 1999.
(Edition Klein Köln ; Bd. 2)
ISBN 3-88735-207-6

1. Auflage 1999

Maternus Buchhandel und Verlag GmbH & Co KG
Severinstr. 76, D-50678 Köln
Printed in Germany 1999

Redaktion: Birgit Kühnen, Köln
Umschlaggestaltung: Arek Kozik, Köln
Gesamtherstellung: Fuldaer Verlagsanstalt GmbH, Fulda

ISBN 3-88735-207-6

Übersicht

Einzug der französischen Truppen

Der Welt- und Staats-Both, eine in Köln mit kaiserlicher Genehmigung erscheinende Zeitung, enthält in seiner Ausgabe von Montag, den 6. Oktober 1794, folgende Nachricht vom vorhergehenden Tage: „Die Franzosen stehen, wie man erfährt, im Königsdorfer Walde, 2 ½ Stunden von hier, und haben die diesseitigen Vorposten beschossen. Morgen scheint der entscheidende Tag zu sein. Es wird zu einer Schlacht kommen.“

Ja in der Tat, der 6. Oktober war der entscheidende Tag, welcher der Freien Reichsstadt Köln für immer ein Ende machte. Aber nicht eine letzte Schlacht, sondern der völlige Rückzug des kaiserlichen Heeres über den Rhein brachte die Entscheidung über Köln und besiegte sein Schicksal.

Das im Nordwesten vor den Mauern der Stadt in Form eines Halbmonds stehende Lager der Österreicher, dessen linker Flügel sich an die Aachener Straße anlehnte, war schon bei Tagesanbruch bis auf einen kleinen Rest verschwunden und auch dieser hatte sich bis 7 Uhr ganz verloren. Die Österreicher zogen sich über den Rhein zurück und ein Schalk streute nun aus, die Österreicher seien, da die noch einen zweistündigen Aufenthalt hätten, auf der Severinstraße mit Plündern beschäftigt. Groß war der Schrecken darob und alles eilte, seine Haustüren und Fensterläden zu schließen, um sein Hab und Gut zu sichern, bis man endlich merkte, dass ein Spaßvogel die allgemeine Angst ausgenutzt hatte.

In aller Frühe, während die Kaiserlichen noch im Abzug begriffen waren, eilte der ehemalige Poststallmeister Elsen, von Vorreitern geleitet, als Abgeordneter dem heranrückenden Feinde entgegen und kündigte ihm an, dass die Stadt Köln die Franzosen mit aller den Siegern schuldigen Unterwürfigkeit aufnehmen würde. Er erhielt die heiligsten Versicherungen, dass in Köln die alten Rechte und Gesetze, die hergebrachten Sitten und Gewohnheiten unverändert bestehen bleiben sollten und dass keinem republikanisch gesinnten Bürger ein Grund zur Unzufriedenheit und Beschwerde gegeben würde. Voller Freude über diese günstigen Aussichten kehrte Elsen zurück und brachte zugleich den Befehl mit, dass der Senat und die Bürgerschaft auch dazu verstehen müssten, durch mehrere Abgeordnete dem französichen General die Stadtschlüssel bis an die Grenze der Stadt entgegenbringen zu lassen.

Am Vormittag nach 9 Uhr fuhr der jüngere regierende Bürgermeister Reiner Joseph Anton von Klespe mit je zwei Abgeordneten von Rat und Bürgerschaft, nämlich dem Syndikus von Bianko, dem Assessor Appellationsakzessist Dumont, dem Ratsmitglied Dollenschall und dem Bannerherrn Ludowigs in vierspännigen Wagen auf der Aachener Straße den Franzosen entgegen. Noch vor dem Ausgang aus der Stadt begegneten ihnen ein Trompeter und sechs Reiter, welche die Stadt zur Übergabe auffordern sollten. Eine halbe Stunde vor der Stadt, zwischen Melaten und Müngersdorf, traf die Abordnung auf den Vortrab der französichen Armee, eine Abteilung Jäger unter dem Befehl des Generals Championet. Von diesem wurden die Bedingungen zur Übergabe der Stadt verlesen. Danach begleitete er mit hundert Reitern die zurückfahrenden Wagen bis zu dem Schlagbaum vor dem Hahnentor, wo ihm auf städtischem Gebiet die Stadtschlüssel überreicht wurden.

Nachmittags zwischen 2 und 3 Uhr zogen, mit dem Volksvertreter Gillet an der Spitze, die französichen Kolonnen durch das Hahnentor in die Stadt ein und machten auf dem Neumarkt Halt. Wie mussten aber die Kölner staunen über das Aussehen der Sieger, denen sie ihre Freiheit ohne jeden Schwertstreich überantwortet hatten! Einem gleichzeitigen Beobachter verdanken wir eine sehr lebendige und anschauliche Schilderung des Aussehens und Auftretens der französichen Revolutionsarmee: „Die Soldaten, vorzüglich die Infanterie, die durchgehends Freiwillige sind, sehen erbärmlich aus. Keine Schuhe, keine Strümpfe, zerrissene Beinkleider. Röcke, die wegen der vielen Risse kaum noch aneinanderhingen. Keine Hemden. Kurz: gegen sie waren die Preussen, als sie nach dem ersten Feldzug von Paris durch Koblenz zurückzogen, noch ballmäßig gekleidet. Sowohl die Infanterie als auch die Kavallerie sind nicht über einen Schnitt montiert. An eine Uniform, wie bei den deutschen Regimentern herkömmlich, ist gar nicht zu denken. Der eine trägt einen blauen, der andere einen grünen Rock; dieser eine Weste mit Ärmeln, jener einen Überrock, der eine kurze, der andere lange Beinkleider, der eine Schuhe, der andere Stiefel, ein dritter Überstrümpfe, der eine einen dreieckigen, der andere einen runden Hut, der eine eine Stallmütze, der andere eine Pikkelhaube, dieser eine Grenadierkappe, jeder einen mit bunten Wachstuch überzogenen Hut. Einer führt ein blankes, der andere ein angelaufenes Gewehr, diesem fehlt das Bajonett, jenem der Pfannendeckel, einem dritten der Hahn, einem vierten der Ladestock. Der eine hat eine Patronentasche, der andere nicht, der eine hat einen Säbel, der andere keinen. Bei dem Fußvolk sowohl als bei der Kavallerie trifft man Waffenstücke von allen Truppen, gegen welche die Republik Krieg führte. Kaiserliche, holländische, englische, hessische Gewehre und Säbel sieht man bei ihnen in Menge, vorzüglich viele kaiserliche, denn diese Division folgte dem Leichenzug derselben über den Rhein auf dem Fuße nach. Das waren also die glorreichen Sieger, die nur mit zerlumpten Bürgerbataillonen zu vergleichen waren. Aber immerhin brachten sie ja doch die in alle Welt hinausposaunte und langersehnte Freiheit mit, die sich in phrasenhaften Redensarten kundgab, wie: Freiheit, Gleichheit, Verbrüderung! Krieg den Palästen, Friede den Hütten! Erlösung von der Sklaverei!"

Und um diese Gründsätze sofort durch ein gegenteiliges Handeln zu bekräftigen, wurden alsbald nach dem Einzug die Stadttore besetzt, ebenso die Kaufhäuser und das ganze Rheinufer, wo die dort lagernden Waren einstweilen in Beschlag genommen wurden.

Für das Bürgermeisteramt hatte die Ankunft der Franzosen viel Mühe und Arbeit gebracht. Unermüdlich war der Magistrat damit beschäftigt, die Soldaten in den Bürgerhäusern unterzubringen und für ihre Verpflegung zu sorgen. Aus Erkenntlichkeit gegen den Poststallmeister Elsen, der ihm als erster Kölner entgegengeeilt war, schlug der General Championet bei diesem sein Quartier auf, siedelte aber bald nach dem Sternberger oder Blankenheimer Hof auf dem Neumarkt über, der seiner Stellung wohl mehr entsprochen hat.

Die Arbeit und Verwirrung auf dem Rathaus steigerte sich noch mehr, als am folgenden Tage, die zur Besatzung bestimmten Truppen auf 12.000 Mann anwuchsen. Zugleich wurden durch Trommelschlag zwei Verordnungen verkündet. Auf Befehl des französischen Volksvertreters wurde vom Magistrat allen geistlichen und weltlichen Personen unter Androhung schärfster Strafen aufgegeben, alle noch vorrätigen Magazine und jede Art von Waffen und Munition schriftlich anzugeben und weder Schiffe noch Nachen aus dem Hafen zu lassen. In der zweiten Verordnung wurde die Versicherung des Volksvertreters und der Generalität bekannt gemacht, dass jeder Bürger bei seinem Gewerbe und die Geistlichkeit bei ihrem Gottesdienst verbleiben und nicht nur ungestört darin fortfahren könne, sondern auch Person und Eigentum allen Schutz und volle Sicherheit genießen sollten. Auch wurde die Nachricht von der Wiedereröffnung der Posten nach Aachen, Lüttich, Brabant und Frankreich bekannt gegeben.

Am 8. Oktober 1794 traf General Jourdan, der kommandierende General der Sambre- und Maas-Armee, mit dem Hauptquartier in Köln ein. Den ganzen Tag wie auch die folgenden Tage wimmelte es in der Stadt von Franzosen, die sich von der in der Nähe stehenden Armee einfanden. Alle Läden waren mit Käufern vollgepfropft, die mit Assignaten bezahlten. Da die Händler sich sträubten, die wertlosen Papierfetzen anzunehmen, und nur gegen gemünztes Geld ihre Waren abgeben wollten, kam bald die Vefügung, dass jeder die Assignaten annehmen müsse und wer sich dessen weigerte, als Feind der Republik betrachtet und bestraft werde. Zugleich wurde verkündet, dass alle Mehl, Heu und Hafer binnen 24 Stunden anzuzeigen und auf Anordnung des Magistrates dem Schreiber an der Mühlengassenpforte anzugeben seien. Ferner wurde ein Verzeichnis von Esswaren, Leder, Tuch, Arzneien, Farben usw. bekannt gemacht, der für Rechnung der französichen Republik in Requisition gesetzt wurden. Jeder, der unrichtige Angaben machte oder seine Waren verheimlichte, lief Gefahr, seine nicht angegebenen Güter zu verlieren und nach den Revolutionsgesetzen bestaft zu werden.

Bei aller Strenge, mit welcher die französischen Machthaber verfuhren, waren sie aber so klug, ihre Verordnungen nicht selbst an die Bürger zu erlassen, um nicht die soeben gegebenen Versprechungen sofort wieder zu verletzen, sondern sie beauftragten den unter ihrem direkten Druck stehenden Magistrat damit, dem gegenüber die Bürger wohl gefügiger sein würden. Der Magistrat aber glaubte, sich entschuldigen und die Bürger beruhigen zu müssen, indem er mitteilte, dass die Franzosen die Hilfsmittel wohl kennen, auf die sie in Köln rechnen könnten, und dass die französische Republik auch alle Waren, die geliefert würden, mit vollem Preis bezahlen würde.

So sah es in Köln aus in den ersten Tagen, nachdem die Franzosen in die alten, nie bezwungenen Mauern die vielgepriesene Freiheit gebracht hatten. Die Bürger litten schwer unter dem Druck der begehrlichen Eroberer, die allmählich alle Scheu ablegten und sich ohne Bedenken an Gemeinde- und Privateigentum, an Kirchen und Klöstern rücksichtslos vergriffen. Dass es den gutmütigen Kölnern bald zu bunt wurde, und dass sie, wenn auch nicht zur offenen Widersetzlichkeit, so doch zum passiven Widerstand übergingen, kann da wahrlich nicht verwundern.

Aber trotzdem muss die Abstimmung und das Entgegenkommen der Bevölkerung den Franzosen durchweg so gut gefallen haben, dass sie sich in Köln bald recht wohl fühlten und nur ungern, wenn der Krieg sie in andere Länder rief, die liebgewordene Stadt wieder verließen. In diesem Sinne ist wohl auch das Schreiben aufzufassen, das der Divisionsgeneral Championet am 15. November 1794 an den Magistrat richtete:

„Meine schleunige Abreise aus Euerer Stadt hat mir nicht die Zeit übrig gelassen, um Euch persönlich zu bezeugen, wie sehr ich mit derjenigen Art zufrieden war, womit Ihr die Truppen brüderlich behandelt habt, die sich über einen Monat meinen Befehlen in Euerer Stadt aufgehalten haben. Ich bitte Euch: Gebet selbst Eueren Einwohnern meine Erkenntlichkeit zu erkennen. Was mich aber selbst betrifft, so bleibet meiner brüderlichen und dankbaren Gesinnungen versichert. Heil und Verbrüderung Championet.“

Die Errichtung der Freiheitsbäume

Eine alte, noch heute vielfach geübte Sitte ist es, den Beginn des Frühlings mit der Aufstellung grüner Maienbäume zu feiern. Diese Sitte führte in den Vereinigten Staaten von Nordamerika während der Unabhängigkeitskriege zu dem an sich verständlichen Gebrauch, solche Bäume, besonders Pappeln, als Zeichen der wachsenden Freiheit zu pflanzen. Als nun auch in Frankreich der Freiheitstaumel die Revolutionäre ergriff, da ahmten sie diesen den Amerikanern entlehnten Gebrauch nach und 1790 sollen die Jakobiner in Paris den ersten Freiheitsbaum aufgerichtet haben. Schnell verbreitete sich durch ganz Frankreich das Bestreben, solche Bäume zu pflanzen; alle Ortschaften, Städte und Dörfer mussten ihren Freiheitsbaum haben, den man unter Absingung revolutionärer Lieder umtanzte und als Sammelplatz der Patrioten betrachtete.

Als die französischen Heere nun ihren Siegeszug nach dem deutschen Reichsgebiet unternahmen, da sollte der Freiheitsbaum den Bewohnern der „eroberten Länder“ ein sichtbares Zeichen sein, dass der Völkerfrühling seinen Einzug gehalten habe, und deshalb beeilten sich die Franzosen, an allen größeren Plätzen, wo sie festen Fuß gefasst hatten, einen solchen Freiheitsbaum zu errichten.

Zwei Tage, nachdem die Vortruppen der republikanischen Armee Köln besetzt hatten, traf auch der Oberkommandierende der Sambre- und Maas-Armee, General Jourdan, in Köln ein, der schon am folgenden Tage, am 9. Oktober 1794, den Kölnern das Schauspiel der Pflanzung eines Freiheitsbaumes bieten ließ. Trotz seines Widerstrebens mussten der Magistrat und auch die 44 Gaffelfreunde, die in den Rat gewählten Vertreter der 22 Zünfte, diesem Revolutionsfeste beiwohnen. Der Zug ging vom Rathaus unter kriegerischer Musik zum Neumarkt, in dessen Mitte der Baum errichtet, mit bunten Fahnen behangen und mit einer Jakobinermütze gekrönt wurde. Als der Baum aufrecht stand, gingen alle Festteilnehmer dreimal um den Baum herum, unaufhörlich rufend: Es lebe die Freiheit! Es lebe die Republik! Unter dem Volk, welches den revolutionären Freiheitsbaum umtanzte, sollen sich nach Merlo auch viele den Kölner Klöstern entlaufene Mönche und Nonnen befunden haben. Neben dem Baum schlugen die neuen Volksbeglücker auf einer Tafel ein Manifest an, das in prahlerischen Worten den Kölnern die Vorteile der Republik und die Segnungen der neuen Ordnung vor Augen führen sollte. Ein zweiter Freiheitsbaum wurde bei der Einweihung des konstitutionellen Zirkels in der Juristenschule im Jahre 1795 gepflanzt. Auf dem Vorhofe des juristischen Hörsaals wurde diese Zeremonie am 8. Februar 1798 durch General Olivier wiederholt.

Eine großartige Feier war die Pflanzung des Freiheitsbaumes am 17. September 1797. An diesem Tage erklärten die Franzosen die Stadt Köln für „independent", worin zahlreiche Schwärmer eine nachdrückliche Bekräftigung des Gedankens, eine cisrhenanische Republik zu gründen, erblickten. Vormittags verkündeten die an den Häusern aushängenden Fahnen auf den Schiffen das zu feiernde Bürgerfest. Nachmittags versammelte sich die ganze Garnison mit ihren Fahnen auf verschiedenen großen Plätzen in Parade. Unterdessen war der Freiheitsbaum auf einem zweispännigen Wagen aus dem Kornhaus bei dem Bürgerhauptmann Rodius in der Schmierstraße - der heutigen Komödienstraße - abgeholt und mit der Stadtmusik durch die Straßen „unter 16 Häuser, über den Katzenbauch, längs dem Kornhaus, über Apern- und Apostelnstraße, Neumarkt, Schildergasse, Hertzenstraße, über die Brück" zum Ratsplatz gebracht worden, wo mittlerweile die Grube für den Baum ausgeworfen war, eine Arbeit, bei der die Musikanten und Taglöhner allein an Speise und Trank für 77 Reichstaler und elf Stüber vertilgten. Auf dem Alter Markt, der östlichen Schauseite des Rathauses gegenüber, wurde dann der mit einem deutschen Freiheitshut und einer französischen Nationalfahne geschmückte Freiheitsbaum in die Erde gesenkt. Der General Jacobé-Trigny, die Mitglieder des Magistrats und alle anderen Freunde der Freiheit wetteiferten, mit Schaufeln den Grund hinzuwerfen und den Baum zu festigen, wobei das Volk beständig in den Jubel ausbrach: Es lebe die Republik! Es lebe die Freiheit! Dann wurde Stille geboten und eine dem erhabenen Gegenstand des Festes angemessene Rede gehalten. „Unter Voraustretung der herz-erhebenden Feldmusik und der sanft-berauschenden Stadtmusik", wie sich die Postamts-Zeitung ausdrückt, zogen dann gegen 5 Uhr sämtliche Festteilnehmer, Generalität, Kommissare, Magistrat, Bürger und Freiheitsfreunde, zum Gülichsplatz, in dessen Mitte damals auf einer Säule der in Messing nachgebildete Kopf des 1686 in Mühlheim enthaupteten Nikolaus Gülich stand. Diese „Schandsäule der bürgerlichen Freiheits-Unterjochung“ wurde dann unter dem Jubel des Volkes und dem Donner der Kanonen zertrümmert, wobei die feste Säule einen hartnäckigen Widerstand leistete. So oft ein Stück herunterfiel, jauchzte die Volksmenge lauten Beifall und bei dem völligen Umsturz schrien alle Anwesenden: Es lebe die Republik! Der an einer eisernen Stange eingegossene Kopf wurde mit einer Bürgerkrone aus Lorbeerzweigen geschmückt, wie die Reliquien eines Märtyrers auf einem Sammetkissen zur Verehrung durch die Stadt getragen und im Triumph zur Wohnung des Generals Trigny gebracht. Ein anderer Volkshaufen hatte sich unterdessen zum Domhof begeben und hier den „Blauen Stein“ zertrümmert, und wieder ein anderer zog hinaus vor die Stadt nach Melaten, um den Galgen niederzureißen. Es waren dies noch Zeichen der höchsten erzbischöflichen Kriminalgerichtsbarkeit. Unter den Streichen der Republik mussten sie fallen. Zum Beschluss des Festtages begaben General Trigny mit seinem Stab, die Kommissare und der Magistrat sich zum Rathaus, um daselbst im Zimmer der Mittwochs-Rentkammer einem von der Stadt veranstalteten Bankett beizuwohnen.

Noch ein anderes Zeichen der früheren Kriminalgewalt - außer dem „Blauen Stein“ und dem Galgen - stand in Köln, und zwar auf dem Alter Markt schräg gegenüber dem Martinspförtchen: der „Käx“ oder Pranger und dicht dabei das Drillhäuschen, ein rund von Eisenstäben umgebener, einem Raubtierkäfig ähnlicher Korb; er diente zur öffentlichen Ausstellung von Verbrechern, die in diesem Häuschen, das sich runddrehen ließ, der allgemeinen Verachtung preisgegeben wurden. Pranger und Drillhäuschen wurden am 7. April 1798 von der Volksmenge zerstört und der freigewordene Platz für die Aufrichtung eines Freiheitsbaumes bestimmt, die zwei Tage später erfolgte. Am 9. April 1798 wurden die neue Munizipalität und die neuen Friedensrichter mit der gebührenden Feierlichkeiten auf dem Rathaus installiert. Der Kommissar der vollziehenden Gewalt im Kanton Köln, Rethel, machte hier die Auflösung des bisherigen Rates bekannt und verkündete die Einsetzung der neuen Munizipalität. Nachdem dann der Präsident des abgesetzten Rates eine Abschiedsrede gehalten und auch der neue Gerichtshof in sein Gerichtsgebäude eingeführt war, zogen alle Teilnehmer in einem feierlichen Zuge durch das Trankgassentor, längs dem Rhein, durch die Mühlengasse zum Alter Markt an die Stelle, wo bis zwei Tage vorher Pranger und Drillhäuschen gestanden hatten. Hier wurde der Freiheitsbaum gepflanzt, das Militär bildete ein Viereck und vier Bürger hielten Ansprachen. Zum Schluss vereinigten sich alle, die französischen Behörden und Offiziere, der abgesetzte Rat und die neue Munizipalität zu einem festlichen Bankett im Steinschen Garten.

Ein dritter Freiheitsbaum auf dem Alter Markt wurde am Fest der Volkssouveränität, am 20. März 1799, errichtet, in der Absicht, um das Volk auf die unmittelbar darauf im folgenden Monat Germinal (21. März bis 19. April) zu vollziehenden Wahlen vorzubereiten und die Bürger von der Wichtigkeit dieser ersten Ausübung ihrer Souveränität zu durchdringen.

Noch ein letztes Mal wird bei Vollendung des Kasernenbaues auf der Stelle des vorherigen Dominikanerklosters von der Errichtung eines Freiheitsbaumes am 21. Oktober 1799 berichtet. Neben dem Baum hatte man auch eine Opferbüchse aufgestellt, da nach dem Ursulafeste die Kölner mit Vorliebe nach dieser Klosterkirche pilgerten. Wenn alle in Köln gepflanzten Freiheitsbäume wirklich Wurzel gefasst und ihre Blätterkronen in die Weite gedehnt haben, so ist es zu erklären, dass die Kölner vor lauter Freiheitsbäumen den Wald nicht sahen und es nicht gemerkt haben, dass der wirkliche richtige Baum ihrer Freiheit von den Franzosen schon längst zu Fall gebracht worden war. Die Errichtung der „Arbres de liberté“ war eine von Kanonendonner und Militärmusik begleitete und aufgeputzte Komödie, um die unterdrückten Besiegten in den Taumel der Freude zu erheben und die schlechte Laune trüber Stunden durch Selbsttäuschung niederzuhalten.

Über das Schicksal der gepflanzten Freiheitsbäume erfahren wir so gut wie nichts. Der am 9. Oktober 1794 auf dem Neumarkt gepflanzte Baum stand noch am 20. März 1798 und von dem am 9. April 1798 auf dem Alter Markt errichteten Baum ist bekannt, dass er bis zur Errichtung des französischen Kaiserreiches sorgfältig gepflegt wurde. Es liegt in der Natur der Sache, dass Napoleon I. auch den Freiheitsbäumen durchaus abhold gewesen ist. Es ist anzunehmen, dass die Freiheitsbäume nach der französischen Republik unter dem Kaiserreich mit der nötigen Nachhilfe von Axt und Säge beseitigt worden sind.

Der republikanische Kalender der Franzosen

Als die Franzosen am 6. Oktober 1794 ihren Einzug in die Freie Reichsstadt Köln hielten, wurden sie von der Bevölkerung mit geteilten Gefühlen empfangen. Die einen, die mit der schwerfälligen, veralteten und verzopften Verfassung unzufrieden waren und eine neue bessere Staatsverwaltung herbeisehnten, erblickten in ihnen die Befreier von allerhand Druck und Zwang, und die anderen, die besonnener waren und an den hergebrachten Zuständen nichts geändert wissen wollten, waren beruhigt durch die Versprechungen und Zusicherungen, die die französischen Generäle Championet und Jourdan und der Volksvertreter Gillet den Vertretern der Stadt gegeben hatten. Nichts sollte geändert werden, so lauteten die Versicherungen, jeder Bürger sollte in seiner Stellung und die gesamte Geistlichkeit in ihrem Amte bleiben und alles Privateigentum volle Sicherheit genießen.

Aber wie bald sahen sich beide Parteien bitter getäuscht! Die einen stöhnten unter den Brandschatzungen und Requisitionen, Einquartierungen und Kontributionen, die immer drückender wurden, und die andern mussten nur zu bald bemerken, dass die Republikaner nicht Wort hielten und eine vollständige Umwälzung der Stadt- und Reichsverfassung vornahmen. Ja, überall wollten die neuen Volksbeglücker mitsprechen und in alles, selbst in die geringsten Kleinigkeiten, sich einmischen. Aus dieser ersten Zeit der französischen Invasion stammen dann auch manche Verordnungen geringfügiger Art, die sich später immerhin als Wohltaten der Verwaltung erwiesen haben, so das Verbot, Abfälle auf die Straße zu werfen und diese durch weit herausragende Schilder und durch das Stehenlassen von Karren und Wagen zu versperren, ferner die Nummerierung der Häuser und die Reinigung und Beleuchtung der Straßen. So vernünftig diese Anordnungen waren, so fruchtlos war der nach dem Einmarsch unternommene Versuch, den neuen republikanischen Kalender in die Verwaltung und das Volksleben einzuführen, und es ist leicht zu verstehen, dass hier selbst die hartnäckigsten Zwangsmaßregeln der Franzosen ohne Erfolg blieben.

„Weil der republikanische Kalender das tauglichste Mittel sei, um die despotische und christliche Staatsverfassung, die Herrschaft der Könige, des Adels und der Priester bis auf die letzte Spur in Vergessenheit zu bringen," hatten die Republikaner in Frankreich am 5. Oktober 1793 beschlossen, den bisherigen gregorianischen Kalender durch einen neuen republikanischen zu ersetzen. Die neue Zeitrechnung sollte rückwirkend mit dem 22. September 1792 - Jahr I der Republik - beginnen zum Andenken an den Tag, an dem die Einführung der Republik verkündet worden war und der zugleich in die Zeit der Tag- und Nachtgleiche fiel, worin man in Hinsicht auf die Einführung der allgemeinen bürgerlichen Gleichheit eine hohe Bedeutung zu erblicken glaubte.

Der neue Kalender teilte das Jahr in 12 Monate zu je 30 Tagen. Um aber mit dem Sonnenjahr nicht in Kollision zu geraten, wurden am Ende des Jahres - also für die Zeit vom 17. bis 21. September - noch fünf Tage („Sansculottides") eingeschaltet, zu denen alle vier Jahre - dieser Zeitraum hieß „Franciade" - noch ein sechster Ergänzungstag hinzutrat. Schon von vornherein hatte die ganze Berechnung nicht gestimmt und so sah man sich bereits am 8. Vendémiaire IV - dem 30. September 1795 - zu dem Hinweis genötigt, "dass im vorhergehenden Jahre sechs statt der fünf Zusatztage anzunehmen seien und dass daher das Jahr IV der fränkischen Republik einen Tag später, also am 23. September 1795 beginne." Auch die „Sansculottides" überlebten den verfliegenden Rausch der Revolutionszeit nicht und erhielten schon am 24. August 1795 durch Dekret des Nationalkonvents die Bezeichnung: jours complémentaires.

Die Monate waren benannt nach sichtbaren Vorgängen (Wachstum, Reife, Ernte, Wetter) in der Natur. Das Jahr begann mit dem Herbst (Vendémaire, Brumaire, Frimaire), dann folgte der Winter (Nivose, Pluviose, Ventose), dann der Frühling (Germinal, Floréal, Prairal) und zuletzt der Sommer (Messidor, Thermidor, Fructidor).

Jeder Monat war eingeteilt in drei Dekaden zu je zehn Tagen; jeder zehnte Tag „Dekadi" genannt, war Ruhetag und wurde als „Sonntag" gefeiert. Die anderen neun Tage einer Dekade erhielten die Bezeichnung: Primidi, Duodi, Tridi, Quartidi, Quintidi, Sextitdi, Septidi, Octodi, Nonodi. Da der neue Kalender sich hauptsächlich gegen das der Revolution so verhasste Christentum richtete, waren alle Heiligennamen des alten Kalenders ausgemerzt, an Stelle derselben führte jeder fünfte Tag den Namen eines nützlichen Tieres, jeder Dekadi die Bezeichnung eines Werkzeuges oder landwirtschaftlichen Gerätes; die übrigen Tage wurden nach Blumen, Kräutern, Früchten, Bäumen, Metallen und Gesteinsarten benannt - alles zu dem Zwecke, um dem Volke die Beziehungen zur Natur, zu Ackerbau und Viehzucht beständig vor Augen zu halten und die „Bürger" zu einer realistischen Weltanschauung zu bringen, die keinen persönlichen Gott, sondern nur die sichtbare Natur anerkenne. Ein Beispiel wird diesen Unsinn verständlicher machen. Die Tage der ersten Dekade des zehnten Monats Messidor lauteten: Roggen, Hafer, Zwiebel, Ehrenpreis, Maulesel, Rosmarin, Gurke, Schalotte, Wermuth und Sichel.

Die fünf Ergänzungstage - bis 1795 „Sansculottides", Ohne-Hosen-Tage genannt - waren den Festen der Tugend, des Genies, der Arbeit, der öffentlichen Meinung und der Belohnung gewidmet; der alle vier Jahre wiederkehrende sechste Schalttag hieß: „Revolutionstag". Gleichzeitig wurde das Dekadensystem auf die Teilung des einzelnen Tages angewandt; diese wurden von Mitternacht zu Mitternacht in zehn Teile oder Stunden zerlegt, diese wieder in zehn Teile und sofort ins Unendliche. Aber dieser Unsinn fand überhaupt keinen Anklang und konnte schon deshalb nicht praktisch durchgeführt werden, weil es mit großen Schwierigkeiten verbunden war, Uhren zu bekommen, welche dieser Stundeneinteilung Rechnung trugen.

Während man nun in Frankreich nur nach dem republikanischen Kalender rechnete, hatte man in den eroberten Ländern anfangs, um Schwierigkeiten und Irrtümer zu vermeiden und die Einführung allmählich durchzusetzen, in den amtlichen Verordnungen die Daten nach dem neuen und alten Kalender nebeneinander angegeben. Da die Einführung des neuen Kalenders aber, wie auch Wolter in der nachstehenden „Bemerkung" angibt, sehr unbeliebt war und große Schwierigkeiten bereitete, wollte das Volk sich mit der republikanischen Zeitrechnung nicht befreunden und ließ es sogar an heftigem Widerstand nicht fehlen. Es wurde deshalb angeordnet, dass vom 1. Nivose III. - dem 21. Dezember 1794 - an der republikanische Kalender für alle bürgerlichen und kirchlichen Verhältnisse einzuführen sei und dass besonders bei allen Eingaben an die Behörden die republikanische Zeitrechnung beobachtet werden müsse. Aber gleichwohl hat sich der neue Kalender niemals recht eingebürgert, und die Franzosen haben, weil sie wohl auch selbst mit ihrem Kalender, vor allem mit den Wochentagen, sich nicht zurecht fanden, gleichzeitig die Daten der christlichen Zeitrechnung angeführt. Ja, um ihre alljährlich neu erscheinenden Kalenderbücher nicht für weite Kreise unbrauchbar zu machen und dadurch ihren Absatz zu schmälern, waren sie sogar gezwungen, die sieben Wochentage neben ihre Dekadentage zu stellen. Vor allem hatte der Versuch, den Sonntag durch den Dekadi zu ersetzen, nur Misserfolge zu verzeichnen. An den Sonntagen und den christlichen Festen waren die katholischen Kirchen von Gläubigen stark gefüllt, während an den Dekadentagen Theater und Vergnügungslokale geflissentlich gemieden wurden. Ferner war man ungehalten darüber, dass an den Sonntagen Gerichtssitzungen stattfanden und dass an dem Tage vor jedem Dekadi die Straßen gefegt werden mussten. Kurz, der Widerstand war ebenso groß wie die Verwirrung und noch im Oktober 1797 erkundigte sich der Kölner Magistrat bei dem Generaldirektor Pruneau, „was für ein Datum eigentlich sei". Erst von der Mitte des Jahres 1798, nachdem in einem geheimen Artikel des Friedens von Campo Formio am 18. Oktober 1797 das besiegte und von Bonaparte überlistete Österreich das linke Rheinufer an Frankreich überlassen hatte, vermieden es die Republikaner sorgfältig, ein anderes Datum als das republikanische zu gebrauchen. Es erging die neue verschärfte Verordnung, dass für die Folge die bis dahin geduldete christliche Datierung vollständig unterbleiben müsse. Von nun an sollte streng darauf geachtet werden, dass anstatt des Sonntags der Dekadi als Ruhetag gelte; an den Dekadis sollten die Schulen geschlossen bleiben und auf den Märkten selbst an den höchsten christlichen Feiertagen, wenn sie nicht mit einem Dekadi zusammenfielen, das gleiche rege Treiben herrschen wie an den Wochentagen. Aber auch diese strengen Anordnungen zerschellten an dem passiven Widerstand der Bevölkerung, der die französische Regierung allmählich von der Fruchtlosigkeit ihrer Bemühungen überzeugen musste.

Am 8. April 1802 setzte die 57. Bestimmung der Organischen Artikel zum Konkordate, das Napoleon als Erster Konsul mit Papst Pius VII. am 15. Juli 1801 abgeschlossen hatte, den Sonntag wieder in seine alten Rechte ein. Es kam hinzu, dass zur selben Zeit die Einführung eines neuen katholischen Bischofs für das linke Rheinufer wieder in naher Aussicht stand, und das war ebenfalls ein Anlass, die christlichen Daten wieder neben den republikanischen zu gebrauchen. Und als Napoleon, dessen Name an Stelle des heiligen Rochus zum 16. August im Jahre 1803 in den Kalender eingefügt wurde, den republikanischen Kalender für den 10. Nivose XIV - den 31. Dezember 1805 - abschaffte, da haben Beamte, Geistliche und Bürger die altgewohnte, seit 1582 gültige gregorianische Zeitrechnung am 1. Januar 1806 mit Freuden wieder in Gebrauch genommen. Welche Erleichterung dieser Beschluss Napoleons dem ganzen Lande brachte und welchen freudigen Widerhall er fand, kann man aus der „Bemerkung“ herauslesen, die Joh. Jos. Wolter dem „Neuen Kalender vom dritten Jahr der fränkischen Republik“ den er im Jahre 1815 zu Nutz und Frommen der Nachwelt abdruckte, vorausgeschickt hat:

„Der 6. Oktober 1794 war eigentlich bei vielen Irrgeführten der feierlichste Tag, wo die liebe gastfreie Stadt Köln mit einer ungeheuren Masse französischer Tafellecker überschwemmt wurde. Der zugleich erschienene Kalender brachte nun die erste Umwälzung mit sich. Das Jahr 1794 hieß auf einmal ein Teil vom Jahr III; die Wochen von sieben Tagen bekamen einen Zusatz von drei Tagen und man taufte sie: eine Dekade, die gewissen Tieren zugeeignet waren. Der Tag des französischen Einzugs hieß Duodi und auf die Stelle der sonstigen schalttägigen kamen die Sansculottides, zu deutsch: Männer ohne Hosen. Die Tage teilten sich den Stunden nach bis ins unendliche. Kurz, man denke sich die Verwirrung in der ganzen Natur! Am vollen Monde glaubte der Unstudierte das junge Licht zu erblicken. Zum doll werden hatten anfangs die Rats- und Gerichtsstuben, die Handels-Comtoirs nebst den geistlichen Sakristeien zu schaffen, ehe sich endlich der neue Zeitschlender in ihr Gedächtnis prägte. Die Nachwelt wird staunen, auch sicher sich an solch einer Hanswurstiade erlustigen, und der Kölner dankt Gott, dass er wiederum gregorianisch rechnen darf.“

Die Assignate - das Papiergeld der Revolution

Wie zum Kriegsführen Geld, Geld und nochmals Geld gehört, so verlangten auch die gewaltigen Umwälzungen der ersten französischen Revolution und die sich daran anschließenden Umwälzungen der ersten französischen Kriege ungeheure Geldopfer. Da aber die Barbestände nicht ausreichten, um die Nationalschuld und die Kriegskosten zu decken, so griffen die Führer der französischen Revolution zu dem bequemen Aushilfsmittel, Papiergeld auszugeben. So beschloss denn die konstituierende Versammlung vom 9. Dezember 1789, zunächst 170 Millionen Livres in fünfprozentigen Staatsobligationen zu 10.000 Livres oder Anweisungen auf die eingezogenen geistlichen Güter in Umlauf zu setzen. Diese Anweisungen wurden Assignate genannt, unter welchen man in der älteren französischen Rechtssprache die Belastung eines Gutes mit einer Rente verstand. Die Assignate waren also anfangs nur Anweisungen auf den Wert der eingezogenen geistlichen Güter und wurden später auch auf die zum Staatseigentum erklärten Besitzungen der königlichen Familie und der Emigranten ausgedehnt. Bei der Veräußerung dieser Güter sollten die Assignate an Zahlungsstatt angenommen und auch im freien Verkehr als bares Geld angesehen werden. Da die Revolutionskriege immer mehr Geldmittel erforderten, erhöhte sich die anfangs ausgegebene Summe von 170 Millionen Livres bald auf 400 Millionen und nach kurzer Zeit, hauptsächlich auf Betreiben Mirabeaus, auf 800 Millionen und im Februar 1796 belief sich der Gesamtbetrag aller Emissionen auf 45.578 Millionen Livres, womit natürlich der angenommene Wert der Nationalgüter bei weitem überschritten war. Hierzu kamen noch zahlreiche gefälschte Assignate, die hauptsächlich in England hergestellt wurden.

Die schrankenlose, unsinnige Vermehrung der Assignate, die doch von Anfang an nichts anderes als Anweisungen auf erhoffte, im günstigsten Falle erst in längeren Zeitabschnitten eingehende Kaufgelder waren, hatte zur Folge, dass ihr Kurs, trotzdem das Schreckensregiment mit der Guillotine verschwenderisch umging, bald beträchtlich sank. Nachdem der Kurs am 16. und 17. August 1790 auf 3 Prozent gesunken war, wurde der kleinste Betrag auf 200 Livres festgesetzt und zugleich der Zwangskurs eingeführt. Aber trotzdem sanken die Assignate fortwährend im Wert, da ja auf der anderen Seite mit jeder weiteren ausgegebenen Million auch die Ungewissheit der einstigen Einlösung stieg. Wenn man weiterhin bedenkt, dass damals die öffentlichen Zustände höchst unsicher waren, so versteht man leicht, dass die Assignate schon bald nach ihrer Verausgabung im Werte zurückgingen. Sie wurden zu Anfang 1791 mit 90, zu Ende 1792 mit 63, gegen Ende 1793 mit 45 und Ende 1794 mit 22, bald darauf mit 17 Prozent ihres Nennwertes angenommen und galten zum Schluss nur den 833. Teil ihres Nennwertes in Metall; deshalb erreichten alle Waren und Lebensmittel, wenn in Assignaten gezahlt wurde, einen unerhört, ja lächerlich hohen Preis und viele Gewerbetreibende, Beamte und Rentner wurden dem Hunger und der bittersten Not überliefert. Der Assignaten-Überschwemmung hat es auch kaum Abbruch getan, dass am 30. September 1794 auf dem Platze des ehemaligen Kapuzinerklosters in Paris für 25 Millionen Livres Assignate, welche man aus dem Verkauf der Domänen und von außerordentlichen Einnahmen erhalten hatte, verbrannt wurden. Ferner wurde am 30. Oktober 1794 auf derselben Stelle eine Summe von 13. Millionen Livres in Assignaten verbrannt, und damit belief sich die ganze Summe der wirklich verbrannten Assignate auf 2 Milliarden 442 Millionen 683 Tausend Livres, eine ganz nette Summe, die aber verschwindet gegen die hohe Zahl der tatsächlich in den Verkehr gebrachten Assignate.

Der durch die Assignate hervorgerufenen enormen Preistreiberei, bei der z. B. ein Paar Stiefel auf 20.000 Livres zu stehen kam, und der allgemeinen Entwertung suchte dann die französische Regierung durch ein neues Gewaltmittel abzuhelfen. Sie schuf das sogenannte Maximum, d. h. sie bestimmte für alle Waren einen Maximalpreis, der von dem Fabrikanten und Verkäufer nicht überschritten werden durfte. Aber auch damit hatte sie einen Misserfolg, da man doch die Produzenten und Händler nicht zwingen konnte, ihre Waren mit Schaden herzustellen und zu verkaufen.

Es konnte also nicht ausbleiben, dass eine allgemeine Zerrüttung aller wirtschaftlichen Verhältnisse eintrat, und aus dieser Not sah die französische Regierung zum Schluss keinen anderen Ausweg, als die Assignate ganz außer Kurs zu setzen und keine Assignate mehr zu drucken. Am 19. Februar 1796 wurde die Notendruckplatte auf einem öffentlichen Platz in Paris zerbrochen und vernichtet, und zugleich beschloss die Regierung, die Assignate zu 1/30, später zu 1/100 ihres Nennwertes gegen ein neues Papiergeld, die sog. Territorialmandate auszuwechseln. Das hieß nun aber tatsächlich den Teufel durch den Beelzebub auszutreiben. Denn die Mandate gingen, nachdem für 2400 Millionen Livres mit Zwangskurs ausgegeben worden waren, nach wenigen Monaten so bedeutend zurück, dass dieser Umtausch sehr wenig verlockend war und die Inhaber der Assignate diese lieber zu einem Spottpreis, wie der Tageskurs ihn notierte, hergaben. Die Mandate wurden anfänglich zu 91, dann zu 60 Prozent ihres Nennwertes angenommen, sanken aber schnell noch mehr im Preise und schwankten später zwischen 2 und 3 Prozent. Schon im Jahr 1796 wollte niemand Mandate im Handel und Geldverkehr annehmen, und als im Februar 1797 der Zwangskurs aufgehoben wurde und die öffentlichen Kassen sie zum Tagespreis annahmen, wurde oft für 100 Livres Mandate nur ein halber Sou oder der 40. Teil eines Livres bezahlt, so dass sie also auf den 40. Teil ihres Nennwertes gefallen waren. Am 21. Mai 1797 erschien dann ein letztes Dekret, das alle Assignate, die noch nicht gegen Mandate ausgewechselt waren, für ungültig erklärte.

Auch die von den Franzosen am 6. Oktober 1794 besetzte Stadt Köln hat die Leiden des Assignatenschwindels in vollem Umfange durchkosten müssen. Kaum waren die französischen Truppen zwei Tage in Köln eingerückt, da erließ Gilet, der „Volksvertreter bey der Armee der Sambre und Maas", am 8. Oktober 1794 folgende Verfügung:

„Gillet verordnet, dass die Assignaten Geldkurs haben sollen in Köln, im Jülicher-Lande und anderen eroberten Ländern, und dass sie im Handelsgewerbe dem Geld gleich angenommen werden sollen. Da die Assignaten die Münzen der Franken-Republik sind, so wird derjenige, der solche anzunehmen sich weigert oder einen Werths-Unterschied zwischen Assignaten und Gold macht, als Feind der Republik behandelt werden. In Köln und Jülich sollen deshalb ohne Anstand Verifikazions-Kommissionen angestellt werden."

Mit dieser kurzen, in strengstem Befehlston gehaltenen Verfügung beginnt die lange Reihe der Verordnungen, Belehrungen, Warnungen und Bestrafungen, die sich in der Folge mehrerer Jahre lang über Köln ergossen und zahlreiche Bürger in finanzielle Schwierigkeiten und manche wohlhabende Familie an den Bettelstab brachten. Da den Kölnern aber der Assignaten-Schwindel schon vorher bekannt war und auch jetzt an der eigenen Tasche fühlbar werden sollte, erhob sich alsbald ein aktiver und passiver Widerstand gegen die wertlosen Papierfetzen, und infolgedessen wurde auf Veranlassung der französischen Volksvertreter am 11. Oktober 1794 von seiten des Rates „hiesigen Einwohnern eingebunden, die französischen Assignaten unweigerlich anzunehmen, den Kaufleuten und Krämern aber anbefohlen, wegen dieser Assignaten den Warenpreis nicht zu erhöhen, noch sonst deshalb sich etwas zur Schuld kommen zu lassen." Es wurde schon bemerkt, dass die Assignate vielfach gefälscht wurden, obschon dieses Geschäft, wenn man die starke Entwertung bedenkt, doch nur geringen Nutzen gebracht haben kann. Auf diese Fälschungen bezieht sich ein Erlass des Bürgers J. G. Brixhe, des „allgemeinen Beglaubigers der Assignaten in den eroberten Ländern". Dieser ließ am 14. Oktober 1794 verkünden: „dass alle Einwohner der Stadt Köln und davon abhängigen Örter alle in Händen habende Assignaten, diese mögen sie entweder vor oder seit dem siegreichen Eintritt der französischen Truppen in das Land, für ihre eigene oder fremde Rechnung, entweder als Kommissionär oder als Verwahrer empfangen haben, bey dem Beglaubigungs-Comptoir, welches alle Tage vom Morgen bis zum Abend beym Bürger Wecus auf der Sandkaul offen seyn wird, um so gewisser anzeigen sollen, als diejenigen, welche dieser Verordnung kein Gnügen leisten oder welche Kenntnis haben von einigen Asignaten-Niederlagen und diese nicht anzeigen, zugleich auch jene, welche die Verfertiger und Austheiler der falschen Assignaten oder zu derenselben Verfertigung geeignete Werkzeuge verheelen werden, als Feinde der französischen Republik betrachtet und nach der Strenge der Gesetze der Republik bestraft werden sollen."

Was mögen die Kölner Bürger bei dieser langatmigen Verordnung gedacht haben, jene Bürger, die an ein so behagliches und beschauliches Leben gewöhnt waren und aus dem Winterschlaf, in den die freie Reichsstadt Köln allmählich versunken war, durch die gellenden Trompetenstöße der französischen Revolution so jäh geweckt wurden!

Um nun die falschen Assignate, die fast alle in Kupfer gestochen waren, von den echten unterscheiden zu können, gab auch der General-Beglaubiger Depercy am 23. Oktober 1794 einige Bemerkungen kund, in denen er die Schale seines Zornes über alle Fälscher ausgießt und die also beginnen: „Republikaner! Die Feinde unserer glorreichen Revoluzion hören nicht auf, dieselbe durch die verworfensten und lasterhaftesten Mittel anzugreifen; die gegen sie vereinigten Despoten haben sich nicht geschämt, sich zum Range der Nachahmer von Assignaten zu erniedrigen. Die Laster kosten den Tyrannen nichts in dem Kriege, den sie gegen ein Volk führen, das für die geheiligten Rechte der Menschen streitet. Diese gekrönten Räuber haben Werkstätten falscher Assignaten aufgerichtet, und in diesem Wetteifer um Schande zeigt sich die englische Regierung eifersüchtig, den ersten Platz einzunehmen." Nachdem Depercy in ähnlichen Worten noch eine Weile über die verruchten Fälscher, besonders die Engländer, herzog, gibt er die Mittel an, wie man die falschen Assignate erkennen könne und welche Merkmale die einzelnen Falsifikate besitzen.

Der Aufforderung, die Assignate beglaubigen zu lassen, kamen die Bürger aber nicht mit dem gewünschten Eifer nach und deshalb musste auf Veranlassung der französischen Gewalthaber der Rat wieder einmal durch einen Beschluss einen Druck auf die Bürgerschaft ausüben:

„Da von dem hiesigen Beglaubiger der Assignaten die Anzeige geschehen, dass die hiesigen Einwöhner sich in Befolgung der unterm 15. 1. M. öffentlich verkündeten Verordnung saumselig bezeigten und wenige Assignaten bey dem Beglaubigungs-Comptoir vorbrächten : als werden alle und jede hiesigen Einwöhner hiermit nochmal gewarnet, ihre sämtliche Assignaten dem angeordneten Beglaubiger auf der Sandkaul in der Behausung des Bürgers Wecus ohne Zeitverlust um so gewisser vorzuzeigen, als sie sonsten der Gefahr ausgesetzt sind, dass vorgemelter Assignaten-Beglaubiger bei ihnen eine Haus-Visitazion vornehmen und sie nach Befund als Feinde des französischen Volkes behandeln und bestrafen wird. Also beschlossen im Rath, Köln den 29. Oktober 1795. H. J. Ockenfeld, Dr. Seer."

Da auch diese Aufforderung nichts fruchtete, wandte sich der Assignaten-Beglaubiger am 16. Januar 1795 mit folgendem Schreiben wieder an den Rat:

„An den Magistrat der freien Stadt Kölln. Im Gefolg eines von dem Assignaten-Beglaubiger Brixhe uns geschriebenen Briefes vom 25. Nivose (14. Januar 1795) ersuchen wir euch Bürger, zu verordnen: von Kölln und die davon abhangen, bei dem Assignaten-Beglaubigungs-Bureau, welches jetzt bei dem Bürger Herstatt auf der Hohen Pforte angestellt ist, alle in Händen habende Assignaten vorzuzeigen haben, mit der Warnung, dass bei dessen Ermangelung eine Haussuchung bei ihnen vorgenommen werden solle. Kölln, den 27. Nivose im dritten Jahre der französischen einigen und unteilbaren Republik. J. L. Kepenne, der Assignaten-Beglaubiger."

Aber auch dieses Ersuchen hatte noch nicht den gewünschten Erfolg und deshalb musste der Rat am 2. Mai 1795 nochmals zu Hilfe kommen und folgende Mahnung an die Mitbürger richten:

„Auf geschehene Aufforderung des angeordneten Beglaubigers, Bürger Kepenne, wird allen und jeden hiesigen Einwohnern nachdrucksamst befohlen: ihre Assignaten bei dem Beglaubigungs-Comptoir, welches dermalen in die Bossardische Behausung in der Schildergasse Nr. 4946 versetzt ist, ohne Zeitverlust anzuzeigen, wo widrigen Falls dieselben zu gewärtigen haben, dass nach Strenge der Gesätze der Republik mit ihren verfahren werde. Signatum Köln den 2ten May 1795. J. J. Cardauns, Dr. Seret."

Dass die Assignate in Handel und Barverkehr an Stelle des gemünzten Geldes nicht gern genommen wurden, war den Kölner Bürgern wohl nicht zu verübeln. Da dieses ablehnende Verhalten aber den Absichten der Franzosen zuwiderlief und diese ihre Assignate gern absetzen wollten, so übten sie wieder einen Druck auf die Stadtverwaltung aus, die am 24. Oktober 1794 sich mit folgender Ermahnung und Warnung an die Bürger wandte. „Bürgermeister und Rath vernehmen misfällig, dass einige Einwohner die Assignaten anzunehmen sich weigern, andere solche gegen ein geringeres Stück Geld, um eines Uebergewinnstes halber oder auch, um mit den erkauften Assignaten, Waaren, Victualien und sonstige Sachen zu erwerben, an sich erhandeln, und verschiedene, welche Waaren, Victualien und sonstige Bedürfnisse feil haben, solche in Rücksicht der Assignaten den benöthigten Bürgern theils vorenthalten und theils nicht anders als gegen einen übertriebenen und den Werth der Sache weit übersteigenden Preis überlassen. Die Zuwiderhandelnden haben die schweren auf die Assignaten-Frevler gesetzten Strafen zu gewärtigen."

Aber als alle diese Mittel, den Assignaten auf gütlichem Wege die nötige Anerkennung zu verschaffen, nicht zum Ziele führten, da ersannen die Franzosen, um ihre Zwecke bequem und vollständig zu erreichen, eine Einrichtung, welche die ganze Bevölkerung Kölns mit leichter Mühe in die Hände lieferte. Der Volksvertreter bei der Nord-, Sambre- und Maasarmee beschloss am 15. November 1794, in Köln ein Comité de surveillance, den sogen. Aufsichts-Ausschuss, zu errichten, und führte diese Behörde am 17. November feierlich ein. Dieser aus acht Kölner Bürgern und vier Franzosen bestehende Ausschuss hatte die würdige Aufgabe, für die Tätigkeit des Rates und das Verhalten der Bürger als Aufpasser zu dienen und auf alle Angebereien prompt zu reagieren. Zu den Vorrichtungen und Befugnissen des Comité de surveillance, das 1794 seine Sitzungen im Hause Schildergasse 5843 (der heutigen Nr. 55) abhielt, gehörte es: „auf alle Bewegungen der Feinde der Republik acht zu geben, und zu diesen Feinden wurden auch alle gerechnet, welche dem Umlauf der Assignaten sich widersetzen oder die Annahme derselben als baaren Geldes oder in gleichem Werthe mit dem Metallgelde weigern und dadurch ihren Kredit schwächen wollen. Ferner die Verfertiger oder Ausgeber der falschen Assignaten oder auch jene, welche von einer Fabrik falscher Assignaten oder von einem Komplotte, um sie auszutheilen, Wissenschaft haben und diese nicht gleich anzeigen."

Diesem Aufsichts-Ausschuss war also ein weites Feld - schon allein in Bezug auf die Assignate - gegeben und am 24. November bereits gab er das erste Zeichen seiner Tätigkeit in folgender Bekanntmachung:

„Köln am 4. Frimaire dritten Jahres (24. November 1794). Der hiesige Aufsichts-Ausschuss erliess am heutigen Tage folgenden Beschluss: Der Bürger Franz Severin Ferrenholtz, Seidenfabriquant, Rheingasse (Nr. 944), überzeugt, dass er die Lösung der Assignaten verweigert und nachher, um die Gerechtigkeit zu hintergehen, zwar Assignaten in Zahlung nehmen wollte, aber unter der Hand den Preis dreifach erhöhete, ward von dem Aufsichtsausschusse dahin verurtheilt, dass er seine Waaren für den ersten Preis abgeben und zudem eine Strafe von 200

Livres erlegen sollte. Dom Oestges, Präsident. Schlosser Vizepräsident. Engelb. Cremer, Sécrét. en Chef“

Am 2. Dezember 1794 erfahren wir die zweite Bestrafung: „Der Bäckermeister Nikola Klöckner auf der Ehrenstraße (Nr. 3999) ist heute den 13. Frimaire von dem Aufsichts-Ausschusse um 50 Livr. gestraft worden, weil er Brod für Assignaten verweigert. Bürger! Wir wollen all ´euren Klagen abhelfen, allein wir können´s nicht auf einmal. Bis dahin habet Zutrauen zu uns und zeiget uns jene feindseligen Menschen an, welche euch eure Bedürfnisse verweigern, besonders aber diejenigen, welche euch sowohl als das Gesetz durch Ränke und Schleichwege hintergehen. Engelbert Cremer membre et Sécretaire en Chef.“

Am 5. Dezember wurden wieder zwei Assignaten-Frevler bestraft und am 7. Dezember ein dritter: „Der Aufsichts-Ausschuss an die Mitbürger! Der Bürger Jakob Gohr der jüngere, Goldwirker dahier auf der Hohenstrass (Unter Goldenwaagen Nr. 2138), waard heute den 15. Frimaire (5. Dezember) von dem Aufsichtsausschuss überwiesen, dass er seine Waare wohlfeiler für klingende Münze als für Assignaten verkauft; und da eben dies die strafbarste Art ist, den Werth von Assignaten herunterzusetzen, so ward besagter Bürger Gohr zu einer Strafe von 300 Livres verurtheilt. Mitbürger! Ihr habet euch selbst euren Druck zuzuschreiben, wenn ihr nicht öffentlich gegen jene Betrüger auftretet, die euch um den Lohn eures Fleisses bestehlen. Jeder, der seine Waare um klingende Münze wohlfeiler gibt als für Assignaten, ist ein Betrüger, ein Feind der französischen Republik.“

„Den 15. Frimaire (5. Dezember) ward der Bäckermeister Peter Thelen auf der Ehrenstrasse (Nr. 4025) überwiesen, dass er „Brod für Assignaten verweigert. Der Ausschuss fand aber, dass dieser Mann nicht unter jene Betrüger gehört, welche dem Dürftigen aus Eigennutz das Brod für seine Nothdurft verweigern, sondern dass er mehr aus Irrthum als Bosheit gegen das Gesetz gehandelt; er ward daher nur zu einer Strafe von 10 Livres verurtheilt.“

„Den 17. Frimaire (7. Dezember) ward der Metzger Offermanns auf´m Steinwege um 50 Livres gestraft, weil er einen Unterschied gemacht zwischen Geld und Assignaten, wobei wir aber bemerken, dass hier das Gesetz zwar straft, keineswegs aber dadurch den Missbrauch in Schutz nimmt, wodurch man ehrliche Leute in Versuchung zu bringen sucht, um sie zu Verbrechern an dem Gestze zu machen."

Als diese Bestrafungen aber keine Besserung erzielten, glaubte der Aufsichts-Ausschuss es noch einmal mit einer wohlwollenden Belehrung und Ermahnung versuchen zu müssen, die er am 6. Dezember 1794 an die Bürger richtete:

„Da der Aufsichts-Ausschuss der freien Stadt Köln in Erfahrung gebracht, dass verschiedene Bürger dieser Stadt sich mit besonderen Schleichhändeln abgeben; dass einige Brod von Bäckern für Assignaten aufkaufen, um es hernach für klingende Münze wohlfeiler wieder zu veräussern; dass andere die Assignaten gegen klingende Münze mit grossem Verluste verkaufen, dass Kaufleute ihre Waaren in Assignaten auf ungeheure Preise gesetzt und sogar unter der Hand für klingende Münze um vieles wohlfeiler abgeben, so hat selber beschlossen wie folgt:

Art. I. Jeder Bürger, der Brod von dem Bäcker käuft und es nachher an andere wieder verkäuft, soll vor den Aufsichts-Ausschuss gebracht, daselbst zur Verantwortung gezogen, und wenn er strafbar gefunden wird, dem Revoluzionsgericht überliefert werden.

Art. II. Jeder, der überwiesen wird, Assignaten gegen klingende Münze gekauft oder verkauft zu haben, soll vor dem Ausschusse dem Revoluzionsgericht überliefert werden.

Art. III Alle Kauf- und Handelsleute, die vor dem festgesetzten Preismaximum durch ausserordentliche Erhöhung der Preise den Werth der Assignaten heruntersetzen, wie es deren allhier viele gibt, sollen genau bemerkt, als Feinde des Volkes und der Republik angesehen und als solche behandelt werden.

Schlosser, Vice-Präsident."

Aber auch mit diesen Drohungen scheint der Aufsichts-Ausschuss keinen Erfolg gehabt zu haben. Wie wir aus den mitgeteilten Bestrafungen ersehen haben, scheinen die Hauptgegner der Assignate und die schwersten Sünder die Bäckermeister gewesen zu sein. Deshalb glaubte am 22. Dezember 1794 auch der Rat eingreifen und die Bäcker an ihre Pflicht erinnern zu müssen:

„Da die glaubhafte Anzeige geschehen, dass verschiedene Bäckermeister mit Hindansetzung deren von Magistrat mehrmalen nachdrucksamst erlassenen und öffentlich verkündeten Verordnungen einen Unterschied unter der klingenden und französischen Assignaten-Münze machen, gegen Assignaten hiesigen Einwöhnern das ihnen bedürftige Brod weigern, auch die bisherigen Brodzeichen weglassen und sogar sich erfrechen sollen, in deren Rücksicht schlechteres Brod zu backen und abzugeben; als werden dieselben, fort alle übrigen hieran pflichtige Eingesessene nochmalen, um sich ferner hierin nicht zur Schuld kommen zu lassen, vielweniger Brod von verschiedener Gattung zu backen und denen Bedürftigen wegen Assignatenzahlung schlechteres abzugeben, alles Ernstes mit der Warnung erinnert, dass im Betretungsfall wider die Frevler ohnnachsichtlich mit scharfen, auch körperlichen und nach Befund schweren Strafen verfahren werden solle. Also beschlossen im Rath, Köln, den 22. Dez. 1794. J. J. Cardauns, Dr. Secret."

Trotz aller wohlgemeinten Ermahnungen und ernsten Strafandrohungen ließen die Verfehlungen gegen das Assignaten-Gesetz nicht nach, und deshalb musste der ebenso rührige wie verhasste Aufsichts-Ausschuss, der ja eigentlich nur von Denunziationen sein Dasein fristete, noch eine stattliche Reihe von Bestrafungen eintreten lassen, von denen noch folgende mitgeteilt seien.

„Den I. Nivose (21. Dezember 1794) wird der Bürger Konstantin Mondorff, Bäckermeister, Kupfergasse (Nr. 3471), wegen gemachtem schlechtem Brod, da er doch vom nämlichen Mehl wie andere Bäcker bekommen, und einen Unterschied zwischen republikanischer und klingender Münze gemacht hat, in eine Strafe von 50 Livres verurtheilt. Den 3. Nivose (23. Dezember 1794) ward der Bürger Johann Nuss, Unter Seidmacher (Nr. 1430) wegen schlechtem Brod nur in eine Strafe von 25. Livres verurtheilt, weil er wegen Gesundheitsumständen auf seine Bäckerei selbst nicht hat wachen können."

Mit dem 13. Februar 1795 erreichten die Bestrafungen, die der Aufsichts-Ausschuss in 21 Verhandlungen über die Assignaten-Frevler verhängte, ihr Ende. Denn die in den eroberten Ländern eingerichteten Aufsichts-Ausschüsse wurden von Paris aus aufgelöst, und so stellte auch der Kölner Aufsichts-Ausschuss zur allgemeinen Freude am 19. Februar 1795 seine Tätigkeit ein. Aber immerhin wurde der Verkehr mit Assignaten noch nachdrücklicher beaufsichtigt. Mitte Januar 1796 finden wir noch die Anzeige, dass sich das Compoir des Assignaten-

Beglaubigers bei dem Bürger und Kaufhändler Matthias Krabb, Rheingasse Nr. 987 (der heutigen Rheingasse 11), befände.

Die Reinigung und Beleuchtung der Straßen

In früheren Zeiten sah es in den Straßen unserer Vaterstadt recht übel aus; da jede Kanalisation fehlte, konnte Regen und Hauswasser nicht abfließen, sondern sammelte sich in den in der Mitte der Straße gelegenen Gossen und Pfützen und bildete mit den auf die Straße geworfenen Hausabfällen große morastige Stellen, die den Passanten nicht allein der Gefahr eines Schlammbades aussetzten, sondern auch die ganze Umgegend durch widerwärtige Ausdünstungen belästigten.

Nun war ja freilich am 15. Dezember 1793 und 12. Februar 1794 von dem Rat angeordnet worden, dass mittwochs und samstags vormittags die vor den Häusern befindlichen Fußgänge und die ganze Straße gekehrt werden müsse, und dass der zusammengefegte Unrat, dem die Hausabfälle beigemengt werden durften, nachmittags weggefahren würde. Aber die Verordnungen scheinen nur sehr lässig oder überhaupt nicht beobachtet worden zu sein. Denn als die Franzosen Anfang Oktober 1794 die alte freie Reichsstadt Köln betraten, da waren sie von dem auf den Straßen angehäuften Schmutz so entsetzt, dass sie alsbald den Senat aufforderten, für größere Reinlichkeit zu sorgen. Als die erste Aufforderung nichts fruchtete, zog die französische Militärgewalt sofort andere Seiten auf und erließ am 20. Oktober folgenden Befehl: „Bei dem Stadtmagistrat wird das Ansuchen erneuert, dafür zu sorgen, dass alle Tage morgens um 8 Uhr die Straßen gekehrt und der Kot weggeschafft werde, dieweil von der Reinlichkeit die Gesundheit mit abhängt. Um die Einwohner hierin zu vermögen, wären diejenigen, welche sich diesem Befehle nicht anschicken werden, für das erste Mal mit einer Geldstrafe von 25, für das zweite Mal von 50 und für das dritte Mal von 100 Livres und dreimonatlicher Gefangenschaft zu belegen."

Also ließ Laurès, der Unterkommandant des Hauptquartiers, durch den Platzkommandanten Jalras dem Magistrat befehlen, und dieser ließ noch am selben Tage der Verordnung „zu eines jeden Nachahmung in der deutschen und französischen Sprache öffentlich anheften, durch Trommelschlag verkündigen und durch Zettelträger zu jedes Hauses Nachricht bringen, damit sich niemand einer Unwissenheit halber entschuldigen könne."

Mit der Aufsicht wurden die Hauptleute in den Fahnenbezirken und mit der Wegschaffung des Unrats die Wallherren beauftragt. Am 3. November 1794 beschloss dann der Rat eine Verordnung, welche die Straßenreinigung regelte:

1. Jeder Einwohner soll in den Wintermonaten (Oktober bis März) um 8 Uhr morgens, in den übrigen Monaten um 7 Uhr seine Straße kehren.
2. Zum Wegschaffen des Unraths sollen von jeder der fünf Bauerbänke, welche in fünf Viertel der Stadt eingetheilt sind, so viele Pferde- und Schubkarren gestellt werden, als für die Menge des Unraths und nach Maßgabe der durch schlechtes Wetter unsauber gemachten Straßen erforderlich sind. Aus jeder Bauerbank muß ein Bauermeister oder sein Abgeordneter darauf acht haben, dass der Unrath von jeder Straße täglich rein und sauber weggeschafft werde.
3. Damit die dazu angestellten Karren erkennbar seien, ist jedem dieser Pferde eine große Schelle anzuhängen.
4. Jedem Bürger wird aufgegeben, keinen Unrath, wie Asche, Gemüseblätter usw. auf die Sraße zu schütten, sondern ihn in seinem Hause so lange aufzubewahren, bis des Morgens der Karren vorbeifährt. Sollte sich vor einem Hause Bauschutt bis auf eine ganze Karre anhäufen, so hat der Bauherr ihn auf seine Kosten in 24 Stunden Zeit von der Straße wegzuschaffen, oder er verfällt ohne fernere Ermahnung und ohne alle Widerrede in eine Geldbuße von 10 Goldgulden.
5. Die gleiche Bewandtnis hat es mit denjenigen, welche bereits über Jahr und Tag ihren Baugrund noch auf der Straße liegen haben. Jeder wird angewiesen, ihn im Laufe dieser Woche unter nämlicher Strafe von der Straße wegzuschaffen.
6. Weil es nun der Billigkeit und gesunden Vernunft angemessen ist, dass, da der Unrath durch die jetzt so überhäufte Menschenmenge und ebenso von jedem Bürger selbst verursacht wird, auch die ganze Stadt zu dessen Wegschaffung und zur künftigen Reinigung beitrage, so werden sämtliche bemittelten Bürger aufgefordert, durch eine von den Wahlherrer zu veranstaltende Subskription 10 Stüber (40 Pfennig) wenigstens monatlich gern und willig herzugeben.

Durch diese Verordnung war die auch im späteren Köln noch so bekannte Straßenfigur, „Dreckbauer“ genannt, ins Leben gerufen. Aber der Versuch, den Bauernbänken die Müllabfuhr zu überlassen, stieß schon in den ersten Tagen auf solche Schwierigkeiten, dass bereits am 10. November von der Wallherren-Kommission die Wegschaffung des Unrats an einen General-Unternehmer verpachtet werde. Der erste Pächter war Franz Kaspar Rodius, der im Adressbuch von 1797 als „Bürgerhauptmann, Weinzäpfer, auch Tanzsaal“, Schmierstraße Nr. 3896 (heute: Komödienstraße 34) bezeichnet ist. Dieser übernahm vom 24. November 1794 an die Müllabfuhr auf drei Jahre zum Preis von 2.000 Reichstalern. Dazu erließ die Wallherren-Kommission am 19. November folgende Bekanntmachung: „Da dem Bürgerhauptmann Rodius die tägliche Wegschaffung des Unraths von den Straßen hiesiger Stadt durch Admodiation (Pachtvertrag) auf drei feste nach einander folgende Jahre zufolge einem mit ihm gethätigten und bei Versammlung der 44er Gaffelfreunde heute wiederholten approbirten Kontrakte überlassen worden ist, und gesagter Bürgerhauptmann Rodius am künftigen Montag den 24. ds. den Anfang damit machen wird, so wird hiermit allen Bürgern und Einwohnern an die genaueste Befolgung der am 3. ds. Ms. ergangenen Verordnung allen Ernstes, unter unausbleiblicher dabei bemerkter Strafe, wiederholt erinnert mit dem Zusatze, dass jeder Bürger ebenso des Samstags sowie auf den Vorabend eines jeden Festtags des Nachmittags um 2 Uhr die Straßen nochmals zu kehren habe, indem an diesen Tagen zweimal die nötigen Karren die sämtlichen Straßen passieren werden, damit auf den Sonn- und Feiertagen die Straßen von allem Unrath sauber seyen.“

„Zur Bestreitung dieser Admodiation sowohl wie auch zur Auszahlung der geschehenen und vorkommenden Fuhren und Arbeiterlohn haben die hiesigen Einwohner nach einer von Kommissionswegen zu entwerfenden und dem Magistrat zur Approbation vorzulegenden Klassifikation die desfallsigen Beiträge alle Vierteljahre zum Voraus an die von gedachter Kommission bevollmächtigten Einwohner unausweigerlich zu entrichten.“

In der Folge wurden die Kosten in der Weise aufgebracht, dass jede der 54 Hauptmannschaften monatlich 4 ½ Reichstaler, und zwar die reicheren Bürger 2, die mittelbegüterten 1 ½ und die ärmeren 1 Taler zu zahlen hatten. Dennoch scheint die Summe nicht ausgereicht zu haben, denn der zweite Unternehmer, Gottfried Feuser, half sich dadurch, dass er den Unrat, der sich zur Düngung eignete, den Ackerbürgern und Gemüsegärtnern überließ. Da sich hierdurch vielfach Übelstände ergaben und sich zu Anfang des 19. Jahrhunderts in dem städtischen Kassenwesen wieder bessere Verhältnisse gebildet hatten, änderte die Stadt die Müllabfuhr, indem der Maire Kramer am 29. Oktober 1801 die Straßenreinigung nach dem Vorbild der Stadt Brüssel regelte.

Mit der Reinigung steht die Beleuchtung der Straßen in engerem Zusammenhang. Vor dem Jahre 1794 lagen die Straßen und Gassen Kölns, wenn nicht am wolkenlosen Himmel der Mond sein mildes Licht leuchten ließ, nachts in undurchdringliches Dunkel gehüllt. Im 14. Jahrhundert unterhielt die Stadt aus öffentlichen Mitteln für umgerechnet monatlich etwa eine Mark eine einzige Laterne an „Unter Marspforten“, die zweite wurde 1374 an St. Kunibert angebracht und die dritte 1377 am Rheingassentor, wo damals der Rat seine Festlichkeiten abhielt. Sonst herrschte überall, wenn sich die Bürger zur Ruhe begeben hatten, das dichteste Dunkel, und wer sich zur Nachtzeit auf die Straße begab, war gezwungen, eine Fackel oder Laterne mitzunehmen, wollte er sich nicht der Gefahr aussetzen, in den winkligen Gassen gegen eine Häuserecke zu laufen oder in einen Morast zu geraten. Zwar hatte der Rat gegen Ende der reichsstädtischen Zeit bestimmt, dass jeder Bürger in seinem Haus eine Laterne bereit halten solle, aber diese Anordnung wurde kaum befolgt.

Diesem unleidlichen Zustand suchten nun die Franzosen alsbald ein Ende zu machen. Schon am 20. Oktober 1794 kam der erste Befehl aus dem Hauptquartier: „Da die Beleuchtung absolut notwendig und unumgänglich ist, um während der Nacht Ruhe und Ordnung aufrecht zu erhalten, fordere ich den Rat der Stadt auf, alle Straßen beleuchten zu lassen, und zwar sollen die Laternen von 6 Uhr abends bis 6 Uhr morgens brennen. Die Zuwiderhandelnden mache ich darauf aufmerksam, dass ich sie als Feinde der Republik vor das Revolutionsgericht bringen werde.“

Da der Befehl trotz der schweren Drohung nur mangelhaft ausgeführt wurde - manche Bürger stellten in einem Fenster nach der Straße noch eine Stallaterne auf - schlug der General Daurier am 10. Dezember einen noch schärferen Ton an, aber auch dieses Schreiben hatte nur die Wirkung, dass der Rat, nachdem der Platzkommandant Salligny nochmals gedrängt hatte, am 22. April 1795 anordnete, dass nach 10 Uhr abends niemand ohne Licht über die Straße gehen dürfe.

Erst 1796 erhielten die Hauptleute der 54 Fahnenbezirke die Anweisung, für die Beleuchtung ihrer Bezirke zu sorgen, und Anfang des folgenden Jahres waren endlich die Laternen angeschafft, die mit 916 Lichtern versehen waren und an den Straßenkreuzungen angebracht wurden. Diese 300 Laternen kosteten inclusive der Löhne für Schlosser, Schreiner, Seiler und Anstreicher, das Stück 27 Reichstaler, also zusammen die hübsche Summe von 8.100 Talern; für 50 Eichenstämme, auf die ein Teil der Laternen gesetzt wurde, wurden 479 Reichstaler 10 Stüber gezahlt. Für Arbeitslohn, Dochte, Wachsstöcke wurden 312 Reichstaler 48 Stüber ausgegeben, und für Öl 891 Reichstaler 37 ½ Stüber. Demnach verschlang die vollständige Beleuchtung wöchentlich die Summe von 380 Reichstalern. Die Ausführung der Beleuchtung wurde dann für vier Monate einem Unternehmer namens Seelzen übertragen, der aber schon nach zwei Monaten wegen nachlässiger Ausführung wieder abgesetzt wurde.

Es fanden sich trotzdem zwei neue Unternehmer, die die Beleuchtung für den bisherigen Preis übernahmen und etwa bis zum Jahre 1803 behielten. Auch sie sind nicht auf ihre Kosten gekommen, obschon bei Mondlicht die Lampen nicht angezündet wurden. Auch hatten sie vielfach darunter zu leiden, dass die Scheiben der Laternen zertrümmert und die zum Hochziehen der Laternen dienenden Stricke böswillig durchschnitten wurden.

So lesen wir im Stadtkölnischen Kurier vom 2. April 1795: „Am jüngst verwichenen Sonntag hat jemand die an der Blingassen-Eck aufgehangene Laterne frevelmüthig abgeschnitten. Der desfallsigen Kommission ist äußerst daran gelegen, solchen Freveler öffentlich bestraft zu sehen, ersucht dahero jeden rechtschaffenen Bürger, unter Verschweigung seines Namens und Erhalten einer Karolin zur Belohnung solcher Freveler anzugeben.“ Und am 13. Dezember 1795 wurde „das Im Thal (Unter Gottesgnaden) aufgehangene Laternen-Seil, woran ein

25pfündiger Gewichtsstein hing, frevelmüthig abgeschnitten und der hölzerne Kasten gestohlen."

Vom 22. September 1803 an nahm die Stadt die Beleuchtung in eigene Verwaltung. Die Zahl der Laternen wurde auf 356 mit etwa 1000 Flammen erhöht und zum Putzen und Anzünden wurden 30 Leute angestellt, die für den Tag 90 Centimes erhielten, sich dafür aber das Putzzeug selbst besorgen mussten. Die Aufsicht über die 30 Laternenanzünder führten ein Oberinspektor und drei Sektionsinspektoren, die auch die Ölausgabe zu besorgen hatten und vierteljährlich 117 Franken Gehalt erhielten. Während der sechs Wintermonate wurden ungefähr 130 Hektoliter bestes Rüböl verbrannt, jedes Hektoliter zu 136 Franken. Demnach betrugen die Gesamtkosten für die Beleuchtung im Winterhalbjahr etwa 23.000 Franken, trotzdem die Laternen bei Vollmond überhaupt nicht, beim ersten und letzten Viertel acht und nur bei Neumond zwölf Stunden brannten.

Die städtische Beleuchtung scheint aber auch große Mängel gehabt zu haben; denn im „Beobachter" vom 14. Dezember 1804 lesen wir darüber: „Da die beträchtliche Ausgabe für die Stadtbeleuchtung für die Gemeinde-Casse von Köln für den Augenblick zu schwer zu fallen scheint, so gehen wohldenkende Einwohner in mehreren Gegenden dieser Stadt mit dem Gedanken um, freywillige Beyträge zu thun, um die bestehenden Stadtlaternen in den Gegenden, die sie bewohnen, in der Erleuchtung für diesen Winter zu unterhalten. Man sieht würklich schon hier und da eine Laterne, die auf Privatkosten angezündet ist. Es wäre zu wünschen, dass dieser patriotische Gedanke noch vor den düsteren Abenden, die nach dem gegenwärtigen Mondlicht eintreten werden, zur Würklichkeit käme!"

Im Jahre 1811 entschloss man sich, die Stadtbeleuchtung wieder an einen Unternehmer zu verpachten, weil man glaubte, dadurch den Stadtsäckel weniger zu belasten. Das war freilich der Fall, aber auch die Beleuchtung wurde erheblich schlechter. Oder hatte, so können wir heute sagen, das Nachlassen der Brennkraft eine Vorbedeutung, da auch die Herrschaft der Franzosen sich ihrem Niedergang näherte?

Am 19. Oktober 1813, am Tage nach der Völkerschlacht bei Leipzig, schreibt der Unterpräfekt Klespé an den Maire: „Wie ich und andere Personen werden auch Sie bemerkt haben, dass seit etwa acht Tagen die Laternen der Stadt in sehr schlechtem

Zustand sind, um 8 Uhr beginnen sie bereits schwächer zu brennen und um 9 Uhr sind fast alle ausgebrannt.“ Wie wenig die Beschwerde half, zeigt ein zweiter Brief vom 17. Dezember 1813:

„Von allen Seiten laufen Klagen ein über die schlechte Beleuchtung der Stadt. Die Laternen werden sehr spät angezündet und sehr früh ausgelöscht. Dass sie so schwaches Licht geben, liegt daran, weil schlechtes Oel verwendet wird, in den abgelegenen Strassen werden sie überhaupt nicht angezündet. Ich bitte Sie, den Unternehmer um so mehr zu einer angemessenen Ausführung der Beleuchtung zu veranlassen, als jetzt zu jeder Nachtzeit häufig Truppen und andere Reisende ankommen.“

Vier Wochen später, ehe etwas zur Verbesserung der Beleuchtung geschehen konnte, strahlte auch über Köln das neue helle Licht der Befreiung von der französischen Fremdherrschaft, als am 14. Januar 1814 die Franzosen Köln verließen und die Verbündeten in seine altehrwürdigen Mauern einzogen.

Die ersten Adressbücher der Stadt Köln

Gegen das Ende der reichsstädtischen Zeit war Köln, wie uns der Niederrheinisch-Westfälische Kreyss-Kalender auf das Jahr 1733 berichtet, in acht Kolonelschaften eingeteilt.

Eine Nummer führten zur damaligen Zeit die Häuser noch nicht, vielmehr hatte jedes Haus seinen eigenen Namen, der auf einem Schild über der Tür oder hoch am Giebel aufgezeichnet war oder auch durch eine Figur, ein Sinnbild oder Wappen dargestellt wurde, da sehr viele Bürger damals noch nicht lesen konnten.

Ein Teil dieser Bezeichnungen war dem Tier- und Pflanzenreich entlehnt und so hießen manche Häuser: Zum roten Löwen, zum Leopard, im schwarzen Bär, zum roten Ochsen, im Hirz (Hirsch), zum Esel, zum Oliphant (Elefant); ferner: Im Raben, zur Taube, in der Henne, zur fetten Henne, zum Adler, zum Falken, im Schwan, zum Papagei, zum Kuckuck, in der Sardell; und weiterhin: Zur Rose, zur Lilie, in der Viole, zum Kirschbaum, in der Rübe, im Birnbäumchen. Nach Städten und Bergen waren die Häuser Zur Stadt Mailand, zum Drachenfels benannt. Und wieder anderen gab die Örtlichkeit selber oder Ereignisse, die sich dort abgespielt hatten, den Namen: Zur eisernen Tür, in der Kulen, zur Büchse, im Backes, zur Kemenate, zum hohen Dürpel, zur Lunge, im Bocksfell, im Schafstall, im Schweinskopf, im Wollsack, im Mommersloch, zum großen Macharius, im verlorenen Sohn, zum blechen Mann, im Morion (Mohren), zur eisernen Hand, zu den drei Kronen, im Örtchen, in der Täsch, im Bart, zum wilden Mann, im Tolles (Zollhaus), in der Klooch (Feuerzange), im Salzkümpchen (Salzfass), im Brezzel, im Sonnenaufgang, im halben Mond, im Siebenstern. Einige Häuser, z.B. zum Overstolz, zur Hardefaust, nannten sich nach berühmten Kölner Geschlechtern und wieder andere nach biblischen oder religiösen Vorbildern wie: Zum hl. Geist, zum englischen Gruß, im reichen Fischfang, zum Erzengel Gabriel.

Jedes größere selbständige Haus hatte also sein Schild, das allen Bürgern wohlbekannt war. Nur die kleinen Miethäuschen, die durchweg nur aus zwei bis drei kleinen Räumen bestanden und zu zwei, drei, vier bis zwölf unter einem gemeinsamen Dach lagen - solche standen auf dem Katharinengraben und Alten Graben, in der Hofgasse, Gold-, Kost- und Penzgasse, Friesenstraße und Weidengasse - trugen keinen eigenen Namen und wurden nach den Herrenhäusern bezeichnet, zu denen sie gehörten.

Der praktische Sinn der Franzosen, die sich aus Unkenntnis der deutschen Sprache außerdem mit diesen Häusernamen nicht zurechtfinden konnten, richtete sich sofort nach dem Einzug in Köln darauf, die Häuser der Stadt auf eine einfachere und deutlichere Art kenntlich zu machen. Noch im Oktober 1794 befahl der französische General Daurier als Stadtkommandant die Nummerierung sämtlicher Häuser, welcher dabei die reichsstädtische Einteilung in acht Kolonelschaften zur Grundlage gegeben wurde. Einer gleichen Anregung der französischen Regierung ist es wohl auch zu danken, dass nunmehr auch ein Adressbuch der Stadt Köln erschien, das mit obrigkeitlicher Freiheit gedruckt wurde.

Das erste Adressbuch vom Jahre 1795, das vollständig in deutscher Sprache abgefasst ist und uns heute recht primitiv erscheint, hatte den Titel: „Gemeinnütziger, zur größten Bequemlichkeit der Inn- und Aus-Städtischen eingerichteter Adresse-Kalender der Stadt Köllen. Mit obrigkeitlicher Freyheit. Köllen, in dem Bureau des französischen Journals 1795."

Es wird eingeleitet durch einen Vorbericht, in dem auf die Mängel des ersten Versuchs hingewiesen und für die folgenden Jahrgänge eine größere Vollkommenheit versprochen wird. Aber auch die Vorteile eines solchen Nachschlagebuches für Verwaltung und Private weiß der Herausgeber ins hellste Licht zu setzen und besonders glaubt er der Polizei mit dem Adresskalender einen großen Dienst zu erweisen. In dem „Vorbericht" sagt er darüber: „Durch das Verzeichnis der Bürger lernt die Polizey-Verwaltung die Zahl und Menge der einheimischen Familien, den Abgang einer und Einsiedelung einer andern, und daher das Wachstum oder den Verfall der Bevölkerung kennen und berechnen; die Polizey wird durch ihn in den Stand gesetzet, in einer kurzen Uebersicht des Rechtschaffenen und des Ausschweiffers seinen Aufenthalt zu übersehen und die nöthige Obsorge mit grösserer Bequemlichkeit zu halten."

Die Volksfeste unter der französischen Republik

Während man bis zur Revolution in Frankreich nur die prunkhaften Feste des Hofes und der Feudalherren und die pomphaften Feierlichkeiten der Kirche gekannt hatte, war durch die Revolution, die das Volk an die Spitze des Staates stellte, ein vollständiger Wandel eingetreten. Die bisherigen Feiertage mussten, weil die Revolution mit der ganzen Vergangenheit gebrochen hatte, vom Christentum sich lossagte und eine neue republikanische Zeitrechnung einführte, in Wegfall kommen. Aber da niemals ein Volk, und vor allem nicht die für Äußerlichkeiten so sehr empfänglichen Franzosen, ganz auf frohe Tage und Feste verzichten kann, so musste für Ersatz gesorgt werden; an die Stelle der abgeschafften Feiertage traten andere, die dem Rausch der revolutionären Idee zu Hilfe kamen und das demokratische Pathos zur Geltung brachten.

Wie in den eroberten Ländern überhaupt, so sollte auch die Kölner Bevölkerung diese National- und Volksfeste der jungen Republik mitfeiern, und deshalb wurde sie mit allen Mitteln, unter Schmeicheln und Versprechungen, selbst unter Androhung von Strafen zur Teilnahme herangezogen, - Zuckerbrot und Peitsche waren damals schon gebräuchliche Mittel, die sich gegenseitig nicht ausschlossen.

Der Zeitfolge nach waren die ersten in Köln gefeierten Feste den Siegen der französischen Waffen gewidmet. Schon am 5. November 1794, als die Franzosen kaum einen Monat in Köln waren, wurde die Einnahme von Maastricht gefeiert. Der Rat beschloss: „Zur Bezeugung der allgemeinen Freude über die Eroberung der Festung Maastricht wird allen hiesigen Stiftern, Klöstern und Kirchen anbefohlen, heute nachmittag von 4 bis 5 Uhr sämtliche Glocken zu rühren."

Am 28. Februar 1795 wurde die Befreiung der Batavier von dem Joch des Statthalters gefeiert. Während aber in Aachen ein großer Festzug mit Feuerwerk stattfand, zog der Kölner Senat es vor, anstatt „Beleucht- und andern kostspieligen Belustigungen" zur Feier des Sieges den notleidenden Stadtarmen zu Hilfe zu kommen und 4.000 Livres für Brand und Brot durch die Pfarrer verteilen zu lassen. Am 17. Februar 1797 wurde die

Übergabe der Festung Mantua (2. Februar) durch Geläute aller Glocken bekannt gemacht; Abends war auf dem Alter Markt und Neumarkt Beleuchtung und Musik. Die gleiche Feier fand am 16. Juni 1800 zur Verherrlichung des zwei Tage vorher von General Bonaparte bei Marengo erfochtenen Sieges statt.

Aber auch wenn ein Waffenstillstand oder Friede geschlossen wurde, so bei dem Frieden von Luneville (9. Februar 1801) und dem Frieden mit England (31. März 1802), wurde das frohe Ereignis durch ein Volksfest gefeiert. Die erstere Feier beginnen die Kölner am 20. April 1801, wobei das Gesetz, das die Vereinigung der vier Departements auf dem linken Rheinufer mit der französischen Republik aussprach, feierlich verkündet wurde. Um 10 Uhr vormittags begaben sich der Unterpräfekt mit dem Maire, der Stadtkommandant mit seinem Stab, Polizeikommissare, Gendarmen, Bürgergarde, alle hoch zu Ross, zu den hauptsächlichsten Punkten der Stadt, um diese „glückliche und langersehnte Tatsache“ zu verkünden. Dann fand ein Festmahl statt, an dem auch einige russische Offiziere teilnahmen, und abends wurden alle öffentlichen Gebäude illuminiert.

Diese Sieges- und Friedensfeiern waren aber nur gelegentliche Feste, aus der Revolutionszeit hatte die Republik mehrere jährlich wiederkehrende Gedenktage übernommen, die jedoch zum Teil nicht allzu lange beibehalten wurden. Die Gefangennahme des Königs Ludwigs XVI. wurde am 10. August gefeiert, die Hinrichtung dieses unglücklichen Herrschers am 21. Januar und der Sturz der Schreckensherrschaft durch den Tod des blutdürstigen Robespierre am 28. Juli. Zu dem letzteren Gedenktage, zum „Fest der Freiheit“, erließ am 28. Juli 1798 der Vizepräsident der Munizipalverwaltung, Oestges, an die Bürger folgende Einladung: „Der 9. Thermidor war der jedem Patrioten, jedem Menschenfreund unvergessliche Tag, wo die Freyheit wieder siegte und der Tyrann dem Mordeisen, welches noch mit dem Blute seiner Schlachtopfer gefärbt war, überliefert wurde. Bei dieser Rückerinnerung muss sich die süßeste Empfindung Eurer Herzen bemeistern.“ Über die bei der Feier gebrauchten Insignien stellte der Mahlermeister Everhard Seyfried folgende Rechnung aus:

Zum Fest des Sturzes Robespierres
den Altar sambt piramiden in grau farb marmoriert *5 Rthlr.*
4 masque in öhlfarb übermahlet *48 Stüber*

4 dolch versilbert und schwarz gemacht *30 Stüber*

Bei dem Fest zur Erinnerung an die Gefangennahme des Königs am 10. August 1798 waren zwei symbolische Figuren aufgestellt. Die Figur der Tugend, in weißer römischer Kleidung mit einer dreifarbigen Randverzierung, hielt in der Linken eine Lanze, an der die Trikolore wehte mit der Inschrift: Krieg dem Laster! In der Rechten hielt sie eine Lorbeerkrone und ihr Fuß trat auf eine Schlange. Die Figur der Vernunft trug in der rechten Hand eine angezündete Fackel, in der linken eine Rolle Blätter, auf welchem man las: Gouvernement français. Unter ihrem Fuß lag eine päpstliche Bulle, eine Bischofsmütze, ein Rosenkranz und sonstige kirchliche Insignien. Ebenso geschmacklos und verletzend war auch die Feier der „gerechten Bestrafung des letzten Königs der Franzosen", die am 21. Januar 1799 in der Ex-Jesuitenkirche stattfand und bei der die ganze Beamtenschaft gezwungen wurde, am Altar des Vaterlandes folgenden Eid zu leisten: „Ich schwöre Hass dem Königtum und der Anarchie, Treue und Anhänglichkeit der französischen Republik." Die Nichtanwesenden - darunter auch Prof. Wallraf, der sich wegen Krankheit entschuldigte, - mussten den Eid nachher schriftlich ablegen.

Diese an sich bedenklichen Feste verschwanden mit dem Schluss des Jahrhunderts, da die revolutionären Ideen unter dem ruhigen Gang der Republik abflauten und die Empfindung, dass das Unglück anderer Menschen nicht mehr zum Gegenstand von Festfeiern gemacht werden dürfe, immer mehr Anhänger gewann.

Unbedenklicher und vom Standpunkt eines Republikaners durchaus verständlich waren die Feste zur Erinnerung an die Erstürmung der Bastille (14. Juli 1789) und an die Gründung der Republik (22. September 1792). An dem letzten Tage hatte der Nationalkonvent das Königtum für abgeschafft erklärt und der 22. September wurde zum Neujahrstag bestimmt, an dem von 1792 ab die republikanische Zeitrechnung ihren Anfang nahm. Diese beiden Festtage wurden beibehalten, bis das Kaiserreich die Republik ablöste, und wurden auch in Köln in den Jahren 1797 bis 1804 regelmäßig gefeiert. Die Feier am 22. September 1797 verlief folgendermaßen: Unter dem Geläute aller Glocken und unter Vorantritt der Musik zog die ganze Besatzung um 11 Uhr morgens nach dem einen Vaterlandsaltar.

Hier fand sich auch der Brigadegeneral Jacobé-Trigny mit seinem Stab, der französische Kommissar Rethel und der Magistrat ein. Der General samt Stab, Kommissar und Rat bestiegen den Altar und von hier hielt der General eine Anrede an das Militär und das Volk. Dann kehrte nach einigen militärischen Übungen der Zug unter Kanonendonner zur Stadt zurück. Abends von 7 bis 9 Uhr war wieder Glockengeläute, späte Beleuchtung des Rathauses und Konzert im Kaisersaal. Die gesamte Illumination kostete 216 Rtlr. 9 Stüber.

Außer diesen patriotischen hatten die Franzosen noch fünf unpolitische Feste eingeführt, die in den Zwischenräumen von 30 Tagen am ersten Dekadentage der Monate Germinal bis Fructidor (März bis August) gefeiert werden sollten: am 10. Germinal (30. März): Fest der Jugend, am 10. Floréal (29. April): Fest der Ehegatten, am 10. Prairial (29. Mai): Fest der Dankbarkeit, am 10. Messidor (28. Juni): Fest des Ackerbaus und am 10. Fructidor (27. August): Fest der Alten.

Solange der alte Senat in Köln in seinem Amte verblieb, war die Beteiligung der Kölner Bürger an diesen Festen sehr gering. Der Rat wollte das Geld für bessere Zwecke sparen, als es für solche albernen Feste auszugeben. Erst als durch den Frieden von Campo Formio (17. Oktober 1797) kein Zweifel mehr obwalten konnte, dass Österreich das linke Rheinufer an die französische Republik abzutreten gedenke, drangen die französischen Gewalthaber mit größerer Strenge darauf, dass diese National- und Volksfeste durch eine wenigstens äußere Beteiligung der städtischen Behörden und der Bürger belebt und verschönt würden. Und so sind denn auch in Köln die Feste in den Jahren 1798 und 1799 nach Ausweis der Akten und Zeitungsberichte mit größerem Prunk und unter Anwesenheit größerer Volksmengen gefeiert worden. Als dann mit Anfang des 19. Jahrhunderts der Frieden mit der katholischen Kirche wieder angebahnt wurde, da duldete die Republik, wenn auch einstweilen nur stillschweigend, dass die bis dahin unterdrückten christlichen Feiertage wieder festlich begangen wurden, und damit erlahmte auch sofort wieder das Interesse für die aufgenötigten, künstlich aufgeputzten Volksfeste. Alle diese Feierlichkeiten wurden gewöhnlich im Freien, auf dem Neumarkt, Alter Markt oder in der Nähe von Melaten abgehalten; nur in der kälteren Jahreszeit flüchtete man in die vormalige Jesuitenkirche, die damals Temple de Loi oder Dekadentempel hieß und dem Kultus der Göttin der Vernunft geweiht war.

Bei dem „Fest der Jugend“ am 30. März 1799 hielt der elfjährige „Bürger Caspar Breuer“ im Dekadentempel eine längere Rede, von deren Unsinn das junge Bürschchen wohl selbst kein Wort verfasst und verstanden hat, und zeichnete sich abends in einem öffentlichen Konzert durch seine Fingerfertigkeit im Klavierspiel so aus, dass er eine öffentliche Belobigung erhielt. Die Rede wurde auf Kosten der Stadt in hundert Exemplaren gedruckt und der „Bürger“ Breuer erhielt ein schönes Buch als Preis.

Bei dem „Fest der Ehegatten“ am 29. April 1798 fand ein Zug statt, bei dem in Kutschen ein Brautpaar, ferner junge Eheleute mit ihren Kindern, dann Großeltern mit den Verwandten absteigender Linie und zum Schluss das älteste Paar durch die Straßen der Stadt zum Neumarkt gefahren wurden. Hier wurde im Freien die feierliche Trauung des Brautpaares vollzogen und verdienten Ehepaaren wurde wegen ihrer Tugenden und ihres reichen Kindersegens die Bürgerkrone verliehen. Die Beteiligung an diesem Fest scheint aber besonders von seiten der Frauen und Mädchen nicht so zahlreich gewesen zu sein, wie die Behörden es wünschten, denn im folgenden Jahr forderten die Munizipalverwaltung in einem besonders liebenswürdigen Schreiben die Bürgerinnen zur Teilnahme auf. Als trotzdem die Beteiligung nicht genügend zahlreich zu werden drohte, sicherte man sich die Festteilnehmerinnen auf eine sehr einfache Weise, indem man - zu einem Fest des Ehegatten! - einige Klosterfrauen heranzitierte, wie aus folgendem Schreiben der Munizipalverwaltung an die Priorin von St. Marien hervorgeht:

„Die Munizipalverwaltung sendet Ihnen anbei vier Einladungskarten zum Feste der Verehelichten, welches den 10. Floréal gefeyert wird. Sie werden hierdurch ersucht, dieselben den drei von Ihnen dazu auserlesenen Frauenzimmern mitzutheilen und mit denselben bei dem gedachten Feste zu erscheinen.“

Das „Fest der Dankbarkeit“ wurde am 29. Mai 1798 gefeiert. Ein Veteran, der bei Neuwied ein Bein verloren hatte, wurde auf einem mit Blumen und Lorbeer geschmückten Wagen zum Neumarkt gefahren und nach einer Lobrede auf die glorreiche Armee von dem Präsidenten der Munizipalverwaltung mit einer Lorbeerkrone geschmückt.

Am 28. Juni folgte das „Fest des Ackerbaus“. Im Jahre 1798 versammelt sich der Zug nachmittags 2 Uhr auf dem Neumarkt, damals Paradeplatz genannt. Um 3 Uhr ging es dann hinaus nach Melaten, in der Mitte des Zuges, unter Begleitung von Bauern, ein von zwei Ochsen gezogener und mit Lorbeer verzierter Pflug und dahinter ein dreispänniger Erntewagen mit Blumen und Garben bestreut wurde. Die bunte Ausschmückung des Zuges erhellt wieder aus einer Rechnung des Malermeisters Seyfried. „Für die Thürwärter 2 Stäb schwartz und die Knöpf weiss lackiert à 30 Stüber, einen Landwirtschaftswagen in grau farb und Dricoloren band stoffiert 3 Rthlr. 50 Stüber, 2 par Ochsenhörner mit metall vergoldet 2 Rthlr. 10 Stüber.“ Noch eines Festes muss Erwähnung geschehen, weil mit ihm der Gipfel der Lächerlichkeit erklommen wurde, das „Fest der Volkssouveränität“ am 20. März 1798:

Bereits um 7 Uhr in der Frühe wurde das Fest durch Geläute und Kanonendonner angekündigt. In der Mitte des Paradeplatzes, dem Freiheitsbaum gerade gegenüber, war eine Bühne errichtet, zu welcher an beiden Seiten Treppen von acht Stufen hinaufführten. Die Bühne hatte für 60 Personen Platz und war in der Form eines Amphitheaters aufgebaut. Vor der Bühne war ein Vaterlandsaltar errichtet, auf dem das Sinnbild der Stärke in Form eines Elefantenkopfes stand. Gegen 10 Uhr versammelten sich die öffentlichen Zivil- und Militärgewalten in dem vormaligen sogenannten Lotteriesaale. Die drei Eingänge zum Ratsplatz waren schon um 9 Uhr mit Truppen besetzt, damit durch die Volksmenge der Zug nicht behindert wurde. Dieser begann um 10 ½ Uhr unter Glockengeläute in folgender Ordnung: Ein Piket Kavallerie. Die drei Gymnasien, jedes mit einer dreifarbigen Fahne. Eine Abteilung Reiterei mit Trompetern, eine halbe Kompagnie Grenadiere, Militärkapelle, wieder eine halbe Kompagie Grenadiere. Die Generalität. Der Commissaire Ordonnateur und übrige französische Kommissare. Die Stadt-Pauker und Trompeter mit dem dazu gehörigen Musikkorps. Das republikanische Wappen, dazu auch zwei Fahnen, von Bürgern getragen. Mädchen und Knaben, die Lorbeerzweige und Kränze trugen. Der fränkische Kommissar und Rector Magnificus mit dem Magistrat, die 54 Bürgerhauptleute mit ihren Beigeordneten. Die drei Tafeln und Fahnen für die Gerichtshöfe. Die Tribunalrichter mit ihren Präsidenten. Die Deputierten der Universität und des Handelsstandes. Eine Abteilung Reiterei. Der Zug ging durch die Judengasse, Obenmarspforten und Schildergasse bis auf den Paradeplatz, wo die Besatzung ein Viereck bildete. Die Generalität und die Behörden betraten die Bühne, so dass der Magistrat vorne am Geländer, die Tribunalrichter und Generäle an beiden Seiten und die übrigen Deputierten hinterwärts zu stehen kamen. Pauken und Trompeten eröffneten die Feier. Dann hielten die beiden Magistratsmitglieder Oestges und Bourel, ersterer in französischer und letzterer in deutscher Sprache, und dann der Bürger Venedey im Namen der Patrioten Reden, die auf das Fest Bezug hatten. Nach jeder Rede Kanonendonner sowie Pauken- und Trompetenschall. Vom Paradeplatz ging der Zug in derselben Ordnung über Aposteln- und Breite Straße, an den Minoriten vorbei, durch die Budengasse, hinter der St. Laurenzkirche zum Rathaus, wo unter Pauken und Trompeten das Wappen und die Fahnen der Republik über dem Portal aufgehängt wurden. Von hier durch die Bürgerstraße über den Hof zum Ziviltribunal, wo man ebenfalls unter Musik Tafel und Fahnen aufhing, und dann über Fetthennen, durch die Porta paphia zum Kriminalgericht, wo das nämliche geschah. Endlich kehrte man längs dem Rheinufer durch das Neugassentor, Mühlengasse, über den Alter Markt, durch die Bürgerstraße zum Rathaus zurück, wo der Zug auseinander ging. Drauf war Festmahl im Steinschen Garten. Von 6 bis 7 Uhr Geläute und abends 10 Uhr freier Ball im Schauspielhaus.

Neben den Freudenfesten gab es auch manche Trauerfeier, so am 7. November 1797 zu Melaten für den am 19. September in Wetzlar gestorbenen Obergeneral Hoche, der in Köln sehr beliebt gewesen war. Eine andere Trauerfeier wollen wir noch besondes hervorheben, weil sie uns so recht deutlich vor Augen führt, wie vortrefflich die Franzosen sich auf die theatralische Ausschmückung und die Erregung der menschlichen Leidenschaften verstanden:

Am 28. April 1799 waren in Rastatt die französischen Abgesandten zum Friedenskongress, de Bri und Roberiot, meuchlings ermordet worden, wie es hieß, von österreichischen Husaren. Die Empörung über diese Freveltat war groß und da sie von den Franzosen noch geschürt wurde, fand sie in Köln am 19. Mai 1799 in einer imposanten Trauerfeier einen lebhaften Ausdruck.

Abends um 8 Uhr versammelten sich die Militär- und Zivilbehörden im Rathaus und zogen von dort unter Fackelschein und dem leisen Wirbel gedämpfter Trommeln und Pauken zum Dekadentempel. Dort stand ein Trauergerüst, in antikem Geschmack eine gewölbte Gruft darstellend, darüber erhob sich ein Obelisk, dessen Inschrift die kurze Angabe der Mordtat enthielt. Am Fuß des Gerüstes saßen zwei weißgekleidete Mädchen mit verhülltem Angesicht, als Sinnbilder der trauernden Republik und der trauernden Menschheit; zwischen ihnen lag die zerbrochene Tafel des Völkerrechts. Eine andere Gruppe Knaben und Mädchen hatten die beiden Urnen der Ermordeten begleitet, die im Zug mitgeführt wurden; sie setzten diese in die Gruft unter das Wort „Rache“. Dann wurden mehrere Reden gehalten, die der allgemeine Ruf „Rache! Rache!“ jedesmal beschloss.

„Jeder der Zuschauer war von dem wichtigsten Zwecke dieser Feierlichkeit tief durchdrungen und die von der Verwaltung bezweckte Absicht der Feier dadurch erreicht“, mit diesen Worten schließt ein zeitgenössischer Teilnehmer der Trauerfeier seinen Bericht.

Die Versorgung der kranken französischen Soldaten

Da die Franzosen bei ihrem Vormarsch nach Köln noch fortwährend Kämpfe mit den zurückweichenden Österreichern zu bestehen hatten, brachten sie auch zahlreiche Verwundete und Kranke mit. Eine ihrer ersten Sorgen war es, diesen Obdach und Pflege zu beschaffen.

Zur damaligen Zeit besaß Köln eine Reihe kleinerer Hospitäler, die zum Teil selbständig für die Armen der Stadt, zum anderen Teil mit den Klöstern verbunden und für die erkrankten Dienstleute der Klostergemeinden bestimmt waren, so das Kreuzhospital auf der Breiten Straße, Hospital St. Heribert am Andreasstift, St. Quirin in der Waisenhausgasse für St. Pantaleon, St. Agnes auf der Alten Mauer an Aposteln, das Laurentius-Hospital neben St. Johann auf der Severinstraße, das Hospital zum hl. Geist auf dem Domhof, und speziell für Geisteskranke St. Rivilien in der Stolkgasse, genannt das „Tollhaus". Aber alle diese Krankenhäuser waren unansehnlich und beschränkt im Raum und konnten nur wenigen Kranken Unterkunft gewähren.

Als nur die Franzosen plötzlich mit so vielen Pflegebedürftigen erschienen, da konnte der Magistrat die erforderliche Anzahl von Krankenbetten nicht zur Verfügung stellen und deshalb mussten die Franzosen selbst Abhilfe schaffen. Kurz entschlossen nahmen sie mehrere passend erscheinende Klöster in Beschlag und richteten sie notdürftig zu Lazaretten ein.

So wurde schon am 9. Oktober 1794, drei Tage nach dem Einzug, für die Einrichtung eines Hospitals in dem Dominikanerkloster 1.000 Matratzen und wollene Decken, 1000 Paar Leinentücher und viele andere Gegenstände in entsprechender Zahl verlangt. Am 31. Oktober 1794 richtet die Hospitalverwaltung an den Magistrat den Befehl *„für die Wegschaffung der Todten in den Dominikanern noch heute vormittag zu sorgen."* Dieselbe Aufforderung erging am 2. November 1794, die Toten des Dominikanerhospitals auf dem Gebiete des ehemaligen Klosters beerdigen zu lassen. Doch scheint diese Bestattungsart nicht den Beifall des Rates gefunden zu haben; denn am folgenden Tage ließ er, um Abhilfe zu schaffen, den Franzosen folgenden Vorschlag unterbreiten „Die große Sterblichkeit lässt befürchten, dass die Luft verseucht wird, wenn man fortfährt, die Toten im Garten des Klosters zu begraben. Es wird deshalb vorgeschlagen, die Leichen mit Stroh zu umwickeln, do dass man sie auf Wagen aus der Stadt fahren kann."

Auch das Kloster der Karthäuser hatten die Franzosen alsbald als Hospital ausersehen. Die Insassen der Karthaus erhielten am 23. Oktober 1794 den Befehl, am folgenden Tage das Kloster zu räumen. Sie mussten der Gewalt weichen und erhielten durch Vermittlung des Bürgermeisters v. Wittgenstein Obdach in den beiden Häusern Oben Mauern Nr. 1740/41 (heute: Martinstraße 19 und 21), wo sie bis zur Aufhebung des Klosters im Jahre 1802 blieben.

Am 11. Januar 1795 teilte der Kriegskommissar Levesque dem Magistrat mit, dass in dem Kloster St. Jacques noch ein weiteres Militärhospital eingerichtet werden solle. Am 10. Februar 1795 ersuchte deshalb der Sekretär Cardauns die Bürger, zu liefern: das nötige Holz für 500 Bettstätten, 500 Matratzen und Decken, 600 Paar Leintücher, 1200 „Hemder", 20 Öfen mit Zubehör, 500 blecherne Suppenschüsseln und ebenso viele Nachtgeschirre. Obschon nun die Bürger einen großen Teil der geforderten Sachen zusammenbrachten, wurde von der tatsächlichen Einrichtung eines Hospitals später nichts bekannt.

Eine sehr lästige Krankheit scheint unter den französischen Truppen sehr stark verbreitet gewesen zu sein: die Krätze. Der bekannte Baron Hüpsch, der nicht nur Sammler, sondern auch Kurpfuscher war, hatte nun der französischen Militärverwaltung in Köln sein angeblich unfehlbares Krätzeheilmittel zur Verfügung gestellt und war deshalb von der Einquartierung freigeblieben. Aber trotzdem waren zur Absonderung und Behandlung der Krätzekranken besondere Stationen im Jesuitenkollegium, Dominikanerhospital und Ignatiuskloster in der Stolkgasse errichtet worden. Die Krankheit hatte so um sich gegriffen, dass zeitweise die zur Heilung erforderlichen Medikamente in den Apotheken nicht mehr aufzufinden waren. Am 27. Februar 1799 ließ der Kriegskommissar Maret auch das Kloster Herrenleichnam auf dem Klingelpütz zur Aufnahme der „Krätzigen" einrichten und später hatte auch das Bürgerhospital eine besondere Abteilung für die an Krätze leidenden Soldaten.

Eines der ältesten Hospitäler, das die Stadt vor dem Einmarsch der Franzosen besaß, war das Hospital Ipperwald, gelegen an der südwestlichen Ecke der Straße „Auf'm Katzenbauch“, gegenüber dem Zeughaus. Das Hospital bestand schon mehrere Jahrhunderte und hatte den Beinamen „Haus der Ungarn“, weil die Pilger aus Ungarn, Dalmatien und Kroatien, wenn sie alle sieben Jahre die Heiligtümer in Köln, Aachen und Trier besuchten, hier einkehrten und verpflegt wurden. Diese Wallfahrten dauerten bis zur französischen Zeit; von da an pilgerten die Ungarn nicht mehr nach dem Rheinland, weil die französische Revolution alle Wallfahrten und Prozessionen verboten und unterdrückt hatte.

Das Hospital Ipperwald, das 1797 als „Bürgerliches Krankenhaus und Klinisches Institut“ bezeichnet wird, diente im Übrigen nur als Hospital für Einheimische und über seine Verhältnisse gibt uns ein im Kölner Bürgerhospital aufbewahrtes Krankenjournal Aufschluss, das kurz vor der französischen Invasion angelegt wurde. Wir finden darin zunächst die Bestimmungen:

Von der Aufnahme der Kranken

Ganz kraftlose, alte, unheilbare, langwierige und zu sehr vernachlässigte Kranke, auch die, welche in ein abgesondertes Zimmer allein gelegt werden müssen und also in ihren eigenen Wohnungen sicherer und geschwinder können geheilt werden als in Spitälern, werden, solange dieses anfangende Institut nur in drey Zimmern besteht, regelmässig vom Hospital ausgeschlossen.

Es sollen nur die mit hitzigen, geschwind vorübergehenden und heilbaren Krankheiten Behafteten aufgenommen werden.

Sollte sich ein hitziges Fieber in eine langwierige Krankheit verändern, so werden die Kranken in ihre Wohnungen zurückgebracht und allda besucht, auch mit Arzneymitteln unterstützt.

Die angehenden Ärzte und Wundärzte oder Assistenten und Krankenwärter müssen, wenn sie erkranken, vorzüglich aufgenommen werden, überhaupt aber werden Anfangs blos Männer, und zwar nur unvermögende Bürger hiesiger freyer Reichsstadt umsonst aufgenommen.

Soviel möglich ist, sollen die Kranken nach der Ordnung der Pfarreyen aufgenommen werden. Sobald ein Bett leer ist, wird es dem Pfarrherr in Ordnung gleich zu wissen gethan, welcher seine Kranken, die an diesem Institut Teil nehmen wollen, dem Verwalter angezeigt. Der Hospitalarzt besucht hierauf die Kranken und untersucht, welche von ihnen in das Hospital aufgenommen werden dürfen, erstattet an einen der Herren Bürgermeistern, welche des Hospitals Commissarien sind, den Bericht ab, welchem zufolge der Kranke aufgenommen oder ausgeschlossen wird. Kein Kranker aber wird anderst als gegen einen Schein aufgenommen, der von dem Pfarrer oder Kapellan des Kirspels (Kirchspiels) unterschrieben sein muss.

Der Kranke kann, wenn er schwach ist, in dem Hospitals-Tragsessel aus seiner Wohnung zum Spital gebracht werden, doch muss ihn einer der Krankenwärter auf diesem Wege begleiten.

In dem Aufnahmezimmer werden die Kranken bei ihrem Eintritt in das Spital ganz entkleidet, und wenn es die Kräfte erlauben und Umstände erfördern, in der Badewanne gereinigt, oder es müssen ihnen wenigstens Hände und Füsse gewaschen werden. Hierauf werden ihnen die Spitalskleider angelegt und auf der Tragbahre in das für sie zubereitete Bett gebracht. Die Kleidungs-Stücke aber und sonstige Sachen, die die Kranken mitgebracht haben, werden auf dem Boden in dem zum Ausräuchern und Durchlüften bestimmten Behälter aufgehenkt und mit der Nummer des Bettes bezeichnet.

Sobald der Kranke im Krankenzimmer in das Bett gebracht ist, muss er sich einen Beichtvater wählen und sich den ersten Tag der Aufnahme mit den Hl. Sacramenten versehen lassen.

Wann endlich Kranke auf ganze Portionen Essen gesetzt sind, darf man sie nicht länger als noch drei Tage behalten, sie müssen dann aufs neu mit einer Krankheit befallen werden.

Von der Speiseordnung und Spitaldiät

Die Kommissarien werden alle ¼ oder ½ Jahre mit dem Bäcker und Metzger den Akkord über den Preis des zu liefernden Brots und Fleisch treffen. Der Verwalter hat demnach auf die Güte des Brots und Fleisch, wie auch auf einen vorteilhaften Einkauf der übrigen Speisen zu sehen.

Das Brot sollte aus zwei Teilen Waitzen und einem Teil Roggen gemacht, alle Blume des Mehls darin enthalten, alle groben Kleyen davon abgesondert und das Brot wohl ausgebacken seyn. Das Fleisch muss ohne Kopf, Herz und Füsse, oder was man sonsten Zuwage oder Beyhau nennt, meistens mageres geliefert werden.

Der Spitalarzt und Wundarzt müssen alle Morgens und Abends bei ihren Krankenhausbesuchen die Nahrungsmittel für jeden Kranken ebenso genau wie die Artzneyen in dem besonders hierzu verfertigten Diätbuch anmerken und mit eigener Hand unterschreiben. Diese von dem Hospitalarzt und Wundarzt vorgeschriebene Krankendiät wird gleich nach dem Besuch dem Verwalter gegeben, woraus er die für jeden Kranken des folgenden Tages zu bereitenden Speisen ersehen kann. Es darf der Verwalter ausser den vorgeschriebenen keine anderen Speisen den Kranken geben lassen.

Der Hospitalarzt und Wundarzt haben nöthig darauf zu sehen, dass den Kranken die Speisen nach der täglichen Vorschrift dargereicht werden. Es soll also das Frühstück morgens um 7 Uhr, das Mittags-Essen ¼ vor 10 und das Abends-Essen ¼ vor 5 Uhr in derselben Stundt (wo der Arzt und Wundarzt ihre Besuche machen) den Kranken und Wärtern gegeben werden. Nichts ist verderblicher, als wenn die Kranken die Speisen, welche sie bekommen, nicht aufessen, dieselben aufheben.

Das oben erwähnte Krankenjournal, dem die vorhin mitgeteilten Bestimmungen entnommen sind, beginnt mit dem 7. Dezember 1793, also etwa zehn Monate vor dem Einzug der Franzosen, und schließt mit dem 1. August 1795. In diesem Zeitraum wurden im Hospital Ipperwald 42 Kranke aufgenommen, von denen, trotz der in der Hausordnung getroffenen Vorsichtsmaßregeln, sechs im Hospital starben. 34 Kranke waren geborene Kölner, die übrigen stammten aus Hört, Koblenz, Kriesdorff, Kärgen, Münstereifel, Elsdorf im Jülicher Land,

Telbrück in Westfalen und einer aus Bayern. Nach ihren Berufen waren die aufgenommenen Kranken: Schneider, Bäcker, Gärtner, Seidenkrätzer, Pielmann, Klüttenmacher, Blaufärber, Maler, mehrere Skribenten und ein - Notarius.

Auch die Krankheiten, welche die Aufnahme nötig machten, geben ein buntes Bild. 13 Kranke litten allgemein an Fieber, 3 an „hitzig Fieber", je einer an Gichtfieber, und Scharlachfieber, 2 an Faulfieber, 2 an Faulgallenfieber und einer an Entzündungsgallenfieber - wahrscheinlich eine scharfe diagnostische Unterscheidung. Ein Patient war „gelähmt" und wurde glücklich geheilt, obschon die Lähmung die ganze rechte Seite befallen hatte, wie besonders hervorgehoben wird. Ein anderer, der an Totenkrampf litt, hatte ebenfalls das Glück geheilt entlassen zu werden. 4 waren mit Wassersucht behaftet, 3 mit Seitenstechen, 2 mit „Bös Bein" und je einer mit Rheumatismus und Magenkrampf. Einer war „inflammatorisch", ein zweiter „venerisch" und ein dritter hatte ein Geschwür am Auge. Wenn man also die geringe Patientenzahl und die Krankheiten betrachtet, die zum großen Teil nur eine kurze Behandlungsdauer erforderten, so wird der Hospitalarzt mitsamt dem Wundarzt, dem Verwalter und den Krankenwärtern keine allzu aufreibende Tätigkeit gehabt haben.

Wie oben schon gesagt wurde, verzeichnet das Krankenjournal des Hospitals Ipperwald die letzte Aufnahme am 1. August 1795; der an diesem Tag aufgenommene Kranke wurde, obschon, oder besser gesagt, weil er an „Abnehmen und Wasser" litt und zu sterben drohte, der Hausordnung gemäß am 27. September 1795 entlassen.

Dass die Franzosen zu dieser Zeit auch das Hospital Ipperwald mit ihren Verwundeten und Fieberkranken belegt und so die bürgerlichen Insassen verdrängt haben, ist wohl anzunehmen, wenn es auch aus dem Journal nicht ersichtlich ist. Dieses notiert den ersten französischen Soldaten, der im „hospice civil Ipperwaldt" aufgenommen wird, am 19. Floreal IX (9. Mai 1801).

Darauf beginnt eine bunte Reihe von Truppen aller Gattungen, die im Ipperwald Aufnahme und Pflege fanden, wenngleich auch einzelne Regimenter, die Köln zur ständigen Garnison hatten, oder in einzelnen Schlachten stärkere Verluste erlitten, ein größeres Kontingent stellten.

Die Rheinbeleuchtung

Kurz nachdem Napoleon am 18. Mai 1804 den Kaiserthron bestiegen, führte er das schon längst geplante Vorhaben aus, den eroberten, dem französischen Staate einverleibten Gebieten auf dem linken Rheinufer mit seiner Gemahlin einen Besuch abzustatten. Die Kaiserin Josephine traf, von Aachen kommend, am 12. September 1804 abends 6 Uhr durch das Hahnentor in Köln ein und nahm im Blankenheimer Hof am Neumarkt, dem späteren Offizierskasino, ihr Absteigequartier. Napoleon selbst, der einen Umweg über Krefeld und Neuss gemacht hatte, zog am folgenden Abend um 8 Uhr durch das Eigelsteintor in unsere Vaterstadt ein. Zur Zeit seiner Ankunft hatte sich die Kaiserin zu dem - wahrscheinlich zur Probe! - beleuchteten Hafen begeben, hatte dort ein holländisches Schiff bestiegen und von dem großen Turm der Fischerzunft aus die schöne Aussicht auf den Hafen und um die umliegenden fernen Gebirge genossen.

Am 14. September ritt Napoleon morgens um 5 Uhr mit großem Gefolge, in dem sich auch Mitglieder der städtischen Behörden befanden, vom Blankenheimer Hof zum Severinstor, von dort um die Umwallung bis zum Eigelsteintor und dann zurück zum Neumarkt. Der ganze Ritt, bei dem auch Fragen der Befestigung erörtert wurden und bei dem infolge der hastigen, übertriebenen Eile, die Napoleon eigen war, auch mehrere Reiter zu Fall kamen, hatte nur 32 Minuten gedauert. Am Vormittag und nachmittags von 2 Uhr an gab der Kaiser Audienzen und von 5 bis 7 Uhr hielt er auf dem Neumarkt eine Musterung der Kölner Garnison ab, wobei Napoleon sich in dem glänzenden Gefolge durch seine Einfachheit auszeichnete. Nach einer gleichzeitigen Schilderung trug er einen bürgerlichen Hut, an dem nichts als eine kleine Kokarde mit ihrer hellen Farbe abstach. Sein Haar trug er, wie immer, ganz kurz geschnitten und ungepudert. Die Uniform war die äußerst einfache seiner Garde-Grenadiere und war nur durch die Epauletten eines Obristen ausgezeichnet. Seine Stiefel waren hoch, mit Stulpen wie bei der Kavallerie. Das einzige, was den Kaiser von seinem Gefolge unterschied, war der reiche Schmuck an Sattel und Zaumzeug: goldene Steigbügel, goldenes Gebiss und die dunkelrote Sammetdecke mit einer prachtvollen Stickerei machten sein Pferd vor den übrigen kenntlich.

An dem Rheinufer entlang zogen sich, soweit das Auge reichte, die Lichter und Fackeln alleeweise nach Norden und Süden. Die beiden großen Schiffskrane an der Rheingasse und Trankgasse waren prächtig beleuchtet und an der Trankgasse waren als Trophäen drei große von den Hannoveranern erbeutete Kanonen aufgefahren, die kreuzweise mit Kränzen umwunden und mit brennenden Fackeln besetzt waren. Am Bayenturm und an St. Kunibert waren zwei große Pyramiden von Teertonnen errichtet und weiter nördlich traten das Türmchen und die Münze „zwey Häuser, von den spatzierenden Kölnern gern besucht“ in schimmerndem Glanz hervor.

In der Mitte des Flusses ankerte die mit unzähligen Lampen beleuchtete fliegende Brücke und drei Plattschiffe; auf dem mittleren stand eine einen goldenen Adler tragende Pyramide, von der aus der Kunstfeuerwerker Monnet unter Pauken und Trompeten ein prachtvolles Feuerwerk abbrannte. An diese Plattschiffe reihten sich nach beiden Seiten in großer Anzahl holländische und oberländische Schiffe, die in ihren bunten Fahnen und Flaggen eine tausendfarbige Kette auf dem Rücken des Stroms darstellten; sie boten „durch ihre gut gewählte Beleuchtung, prachtvolle Verzierungen mit Guirlanden, Statuem und Sinnbildern dem entzückendsten Auge den erhabensten und seltensten Anblick“ dar.

Als der Kaiser auf dem Balkon, von dem aus das ganze in Feuer getauchte Rheinbild vortrefflich übersehen werden konnte, sich zeigte, erscholl tausendfach der Ruf: Vive l'Empereur! „Unbeschreiblich gross und majestätisch“, so schreibt ein damaliger Augenzeuge, „war von dieser Höhe, im Mittelpunkt des halben Mondes, mit welchem Hafen und Stadt den Rhein wie einen Meerbusen umfängt, die Scene, die der Kaiser beherrschte. Es war, als wenn hier zur Verherrlichung des Mannes, dem bisher nichts unmöglich war, die Aufgabe gelöst werden sollte, die ewig kämpfenden Elemente des Feuers und des Wassers in eine wundervolle Harmonie zu schmelzen. Und beyde Elemente schienen hier ihre Rollen auszutauschen. Schiffe von Feuer wallten auf den Wellen, aus dem Wasser strömte Feuer in tausend Gestalten gen Himmel und der Strom brannte in Flammen. Aus zahllosen Gestirnen, spielend in mancherley Farben, waren Schiffe und Masten, so weit der Horizont reichte, gebildet. Wer hier nur Lampen sah und Lampen zählte, hat das Große des

Schauspiels nicht gefühlt, das in den endlosen Räumen der Nacht waltete; der Mann hätte sollen für den Abend Oel aufgießen und Lichter putzen!“

Über eine Viertelstunde stand der Kaiser auf dem Altan und beobachtete, in tiefes Schweigen und Nachdenken versunken, das großartige Schauspiel. Als er von dem Balkon zurücktrat, äußerte er in seiner kurzen Redeweise sein Wohlgefallen und sagte, er wisse mit der vor seinen Augen entrollten Szenerie nichts zu vergleichen. Er sprach dann von Venedig und auch von Paris mit seinen Herrlichkeiten, das aber keinen Rhein sein eigen nenne.

Auf dem eigen für das Kaiserpaar hergerichteten holländischen Schiffe, auf dessen Oberdeck die lorbeergeschmückte Büste Napoleons zwischen den Statuen des Herkules und der Minerva stand, sollte dann von dem Salzgassentor aus eine Besichtigung der Uferbeleuchtung vor sich gehen. Aber der Eindruck, den Napoleon von dem Turm der Fischerzunft aus gewonnen hatte, war so mächtig gewesen, dass der Kaiser auf die Rheinfahrt verzichtete und sich mit seiner Gemahlin zum Blankenheimer Hof begab.

Hier bot sich ihm auf dem Neumarkt, damals Paradeplatz genannt, ebenfalls ein imposantes, wenn auch weniger belebtes Schauspiel. An der Vorderseite des kaiserlichen Hotels stand in goldenen Buchstaben: Le XVIII Brumaire, und an den sechs oberen Fenstern waren die Worte: Arcole, Mantua, Campoformio, Les Piramides, Mont St. Bernard, Marengo angebracht. Auf dem Neumarkt, der eine Gesamtgröße von acht Morgen, zwei Vierteln und sechzehn Ruten besaß, standen außer dem an der Westseite neu angelegten Klöcker-Wäldchen 470 in Reih und Glied gepflanzte Bäume, und diese waren den Stamm hinauf bis in die Kronen mit mehr als 12.000 Lampions behängt. in der Mitte des Platzes erhob sich eine 80 Fuß hohe Pyramide, die im Jahre 1803 errichtet worden war, als man den Besuch des „Ersten Konsuls Bonaparte“ in Köln erwartete. Diese Pyramide war mit brennenden Fackeln besteckt und ihr Fußgestell, das an den Seiten vier schwülstige Lobsprüche aufwies, war mit grünen Zweigen umwunden und mit Unschlittlampen beleuchtet. Auf dem inneren Platz, fünf Morgen eineinhalb Viertel groß, standen an den vier Ecken große beleuchtete Pyramiden und an den vier Seiten historische und symbolische Bilder, so vor dem

„Gasthof zur Stadt Prag“ (jetzt Richmodstraße) ein Transparent, die Ankunft Napoleons in Ägypten darstellend, gegenüber der Thieboldsgasse die „Schlacht bei Marengo“; an der Westseite vor der Apostelnkirche eine leuchtende Sonne und davor ein leuchtender halber Mond mit der Inschrift: Napoleon und Josefine.

Auch sonst waren an den Häusern der Stadt zahlreiche Gemälde und Inschriften zu sehen, und alle waren auf denselben Ton gestimmt und hatten den gleichen hochtrabenden, verhimmelnden Inhalt. Am Hahnen- und Eigelsteintor standen Triumphbogen, Transparente prangten am Hospitalsbureau auf dem Neumarkt, am Wohltätigkeitsbureau hinter den Minoriten, am ehemaligen Jesuiten-Kollegium, über dem Tor des Zivil-Tribunals, am Laurentianer-Gymnasium , über dem Eingang des Gefängnisses am Neumarkt (Ecke Krebsgasse). Das Rathaus war bis in die Spitze des Turmes beleuchtet und zeigte auf zwei Transparenten einen Adler mit einem Donnerkeil und „eine“ Pfau.

Außerdem waren zahlreiche Privathäuser prächtig beleuchtet, und fast an keinem größeren Hause fehlten die „transparenten Gemälde“, deren Darstellungen zum größten Teil an Geschmacklosigkeit mit den Inschriften wetteiferten. Auch an der Wohnung des Prof. Wallraf, an der Hohen Schmiede, war ein solches Transparent zu sehen: Sonne, Mond und Sterne; zwischen diesen Himmelszeichen stand Herkules in kämpfender Haltung auf der Weltkugel und darunter die Unterschrift: Sic Orbi sufficit Unus! (So Einer ist für die Welt hinreichend!) Vielleicht liegt in diesen Worten eine feine Ironie und zarte Anspielung für Prof. Wallraf selbst, der ja als unerreichter Meister des Lapidarstils bekannt war und fast alle Inschriften für die ganze Stadt verfasst hatte.

Ein Verzeichnis der sämtlichen Napoleon verherrlichenden Inschriften hat er in einem dünnen Büchlein der Nachwelt überliefert.

Die Festtage zur Vermählung Napoleons

Nach dem Frieden von Schönbrunn (14. Oktober 1809) stand Napoleon auf dem Gipfel seiner Macht, und zu seinem vollen Glück fehlte nichts als das Bewusstsein, seine Dynastie durch einen Thronerben gesichert zu sehen. Da dieser von der Kaiserin Josephine nicht zu erwarten war, ließ Napoleon durch Senatsbeschluss vom 16. Dezember 1809 sich von seiner Gemahlin scheiden und Anfang Februar 1810 bei Kaiser Franz von Österreich um die Hand seiner Tochter Marie Luise bitten. Kaiser Franz gab seine Zustimmung umso lieber, als er in dieser Verbindung eine Gewähr für einen dauernden Frieden und freundliche Verhältnisse zwischen Österreich und Frankreich erblickte.

Aus den eroberten Ländern zwischen Maas und Rhein waren außer dem Präfekten auch die Bürgermeister von Köln und Aachen eingeladen worden. Der Kölner Maire, J. J. von Wittgenstein, Mitglied der Ehrenlegion, hat für diese Reise nach Paris und den Aufenthalt daselbst die Summe von 4193,45 Franken ausgelegt, die später von der französischen Regierung aus Staatsmitteln ersetzt wurde.

Durch das Dekret vom 25. März 1810 hatte Napoleon zu seiner Vermählung eine ausgedehnte Amnestie erlassen und außerdem bestimmt, daß am 22. April, wo die Vermählungsfeste im ganzen Gebiet des Kaiserreiches gefeiert werden sollten, 6.000 verabschiedete Soldaten, die wenigstens einen Feldzug mitgemacht und durch Tapferkeit und gutes Betragen diese Gnade verdient hatten, mit den Mädchen ihrer Wahl verheiratet würden. Jedes Paar sollte zur Aussteuer die Summe von 600 Franken erhalten. Köln, als größere Stadt und eine der „bonnes villes de l'Empire", sollte zehn Paare aussteuern.

Die Namen dieser zehn in Köln geborenen und von dem Bürgermeisteramt ausgewählten Veteranen, ihr Stand, Wohnung, Verwundung u.s.w. und ebenso die Namen ihrer Bräute sind uns erhalten:

1. Joh. Tilmann Christel, Rue St. Severin 7314 (heute: Severinstraße 133), in der Schlacht von Eylau an der linken Hand verwundet. - Therese Kundelein, Näherin, Stolkgasse.

2. Joh. Michael Gronen, Auf der alten Mauer 4786 (heute: Gertrudenstr. 12), am rechten Bein in der Schlacht von Nieport verwundet.

- Margarethe Schrödder, Spitzenklöpplerin, Weberstraße 408 (heute Weberstraße 15).
3. Franz Hammelmann, Gärtner, Ehrenstrasserwall 4053 (heute: Friesenwall 84), verlor drei Finger der rechten Hand in der Schlacht von Wagram. - Katharina Rodenkirchen, Gärtnerin, Gereonstrasse 3646 (heute: Gereonsstraße 37).
4. Joh. Bapt. Hetzeler, Schuhmacher, Heumarkt 1679 (heute: Wahlgasse 7), in Madrid an der rechten Schulter und am linken Bein verwundet. - Gertrud Heukeskoven, Näherin, Mühlengasse 2272 (heute: Mühlengasse 24).
5. Peter Pausen, Lohgerber, Perlengraben 7135 (heute: Perlengraben 41), in Spanien an der linken Hand verwundet. - Anna Maria Offenberg, Dienstmagd, Perlengraben 7144 (heute: Perlengraben 59).
6. Joh. Wilh. Pesch, Severinswall, leicht verwundet in der Schlacht von Wagram. - Gertrud Heess, Dienstmagd, Achterstrasse 578 (heute: Achterstraße 23).
7. Konstantin Roser, Polsterer, Katharinengraben 729 (Nr. 28), erlitt durch Sturz mit dem Pferde eine Verletzung des rechten Armes. - Gertrud Dingarten, Spitzenklöpplerin, Katharinengraben 729 (heute: Katharinengraben 82).
8. Heinrich Töller, ohne Gewerbe, Weidengasse 3382 (heute: Weidengasse 26), in der Schlacht von Landsberg an der linken Hand verwundet. - Katharina Inden, Gärtnerin, Gereonswall 3443 (heute: Gereonswall 21).
9. Anton Weber, Weber, Diepegass 6202 (Thieboldsgasse 76), verlor am 22. April 1809 drei Finger der rechten Hand. - Elisabeth Dumont, Hebamme, Kaimergasse 6544 (heute: Kämmergasse 16).
10. Claudius Zorn, Dachdecker, Löhrgasse 5776 (Agrippastr. 40), bei Austerlitz am rechten Bein verwundet. - Elisabeth Kaverisch, Spitzenklöpplerin, Löhrgasse 5776 (heute: Agrippastr. 40).
Die Festtage wurden am Ostersonntag, den 22. April, abends 6 Uhr, durch Glockengeläute und drei Artilleriesalven eingeleitet. Am folgenden Tage wurden morgens und abends von 6 bis 7 Uhr sämtliche Glocken geläutet und dazu jedesmal drei Artilleriesalven abgefeuert.

Um 8 ½ Uhr morgens (am Ostermontag) wurden die zehn ausgewählten Paare auf dem Rathause getraut und dann unter Begleitung des Maire und der vier Munizipalräte Hoffschlag, Neumann, Schmitz und Uelpenich vom Rathaus in Kutschen zum Dom gefahren. Hier versammelten sich um 10 Uhr alle Zivil- und Militärbehörden und sämtliche Beamte sowie die Garnisontruppen und Gendarmerie, um der von dem Dompfarrer DuMont zelebrierten feierlichen Messe beizuwohnen. Die zehn Brautpaare hatten dabei ihren Platz gegenüber dem Hochaltar, zwischen den Stühlen der Autoritäten. Während der Messe gingen zwei Mädchen aus angesehenen Familien mit silbernen Tellern rund und hielten eine Sammlung für die Armen ab.

Mittags zwei Uhr fand im Wirzschen Saale auf dem Neumarkt (Ecke Olivengasse) ein „Mittagessen auf Subskription" statt, wozu sich 156 Gäste und auch die zehn Brautpaare - diese auf Kosten der Stadtgemeinde einfanden. Der Saal war prächtig dekoriert. In zwei verdeckten Fensternischen standen die Bilder Napoleons - darüber eine strahlende Sonne - und der Kaiserin Marie Luise, über dem ein Mond schwebte. Zwischen beiden erschien als Türstück ein Schild mit sieben Sternen, worunter die auf Bilder und Symbole hinzielende Inschrift stand: Sidereeam subolem tantis speramus ab astris. Die Bilder, der Sternenkranz und die Inschrift waren transparent erleuchtet. Die zehn Brautpaare saßen an einer mittleren Abteilung der Tafel, und der Beigeordnete von Geyr und vier Munizipalräte waren als Ehrenwirte unter sie verteilt. Vier Toaste, von Kanonendonner begleitet, wurden ausgebracht: auf die beiden Majestäten, auf den Kaiser von Österreich und die zehn Brautpaare.

Im Theater wurde abends 6 Uhr - „Ende noch vor dem Feuerwerk!" - als Festvorstellung „Die Macht der Liebe" aufgeführt, ein „hierzu verfertigtes allegorisches Melodrama". Den neuvermählten Paaren war eine Loge eingeräumt worden. Um 7 ½ Uhr begann die Stadtbeleuchtung, wobei auf die allgemeine Beteiligung der Bürger großer Wert gelegt wurde. Schon am 19. April hatte der Adjunkt B. Boisserée in Vertretung des Stadtoberhauptes die Verordnung erlassen, dass „alle Bürger ihre Häuser auf eine ihren Kräften angemessene Art beleuchten und dafür sorgen sollten, dass diese Beleuchtung von 7 ½ bis wenigstens Mitternacht fortdauere." Gleichzeitig hatte er den vier Polizeikommissaren den Auftrag erteilt, über diejenigen ein Verzeichnis einzureichen, die „entweder durch Nichtbeleuchtung oder die schlechteste Art von Beleuchtung ihren bösen Willen zu erkennen gegeben haben." Die Beleuchtung sollte also mindestens bis Mitternacht währen, und zwischendurch ließ der Maire um 9 Uhr auf dem Neumarkt ein prächtiges Feuerwerk abbrennen, das durch Kanonenschläge angekündigt und begleitet wurde. Die Volksmenge war so groß, dass „einer wider den andern anprellte", und der Jubel ob des ungewohnten Schauspiels war allgemein. Am besten gelang der große verschlungene Namen von Napoleon und Luise, der vollständig in Brillantfeuer strahlte und von großen Sonnen umrahmt wurde.

Manche Gebäude waren prächtig beleuchtet, so der Rathausturm, der ganz in Feuer getaucht schien und auf der Spitze eine Lichterkrone trug. Das Haus Haquenay, in dem das Bankett stattgefunden, war mit transparenten Gemälden erleuchtet: das eine zeigte Zeus mit dem Adler und dem Buchstaben N, ein anderes Juno mit der Pfauhenne und dem verschlungenen Namenszug ML. Allgemeine Bewunderung erregte das Fabrikgebäude von Wülfing und Scheibler auf dem Mauritiussteinweg. Über der großen Säulenpforte hob sich eine hohe Pyramide mit den Buchstaben NML in Strahlen und mit dem Schlangenkranz der Ewigkeit geschmückt. Durch die offene große Pforte sah man eine lange, schön beleuchtete perspektivische Allee von Fichtenstämmen, welche in der Tiefe die zurückkehrende Fruchtbarkeit und Fülle in einer heiteren Landschaft zeigte.

Das Gebäude der Handelskammer war mit unzähligen Lampions und Figuren des Merkur und Neptun geschmückt. Die Handelskammer hatte außerdem an die zahlreichen Schiffer und Rheinarbeiter, die durch die Ungunst der Schifffahrt und die politischen Umstände (Kontinentalsperre gegen England) in ihrem Verdienst und Lebensunterhalt geschmälert waren, eine beträchtliche Summe Geldes verteilen lassen, wodurch die Stimmung nicht wenig gehoben wurde.

Auch am 24. April blieben alle Läden geschlossen. Abends 9 Uhr gab es in jedem der vier Polizeisektionen einen Ball mit freiem Eintritt, wozu die Tanzmusik von der Stadt gestellt wurde, so bei Leonard Sittmann im Neuen Saal in der Schnurgasse, bei Hittorff an der Wollküche, bei J. W. Abs im Steinschen Garten und bei E. Rodius in der Schmierstraße 3896 (heute: Komödienstraße 34). Um 10 Uhr fand bei den Erben Monheim auf der Ehrenstraße, „Zum neuen Kuhberg" genannt (dem heutigen Luisenhof), ein Bal paré statt für die besseren Kreise, die Behörden und Beamten. Auch hier war die Beteiligung sehr groß, da das Bürgermeisteramt mehr als 800 Karten mit freiem Eintritt hatte verteilen lassen.

Ein französisches Heiratsamt

Am 28. August 1810 richtete der Unterpräfekt (Landrat) des Arrondissement Köln, Klespe, an den Kölner Maire J. J. von Wittgenstein ein eigenhändiges Schreiben, in welchem er darauf hinwies, dass die „Statistique personelle des chefs de famille les plus notables", an deren Zusammenstellung die Maires mit ihm gearbeitet hätten, viel zu wünschen übrig lasse, und zwar in Bezug auf das Einkommen diese Familienhäupter und auf ihre Kinder, vor allem auf die Töchter vom 14. Lebensjahre an und darüber. Fußend auf einer Anordnung des Ministers der Allgemeinen Polizei gab er weiter genaue Anleitung, wie eine solche Statistik aufzustellen sei, und zählte die zu beantwortenden Fragen auf. Sie lauteten:

A Namen der jungen Damen
B Vorname
C Alter mit Tag, Monat und Jahr der Geburt
D Name und Vorname des Vaters und der Mutter
E Wohnort
F frühere Stellung der Eltern
G jetziger Stand derselben
H Einkommen derselben, und zwar in jährlichem beweglichem Einkommen (en revu annuel mobilier) und in jährlichem fundiertem Einkommen (en revu annuel foncier)
I voraussichtliche Mitgift jeder ihrer Töchter, wenn sie heiraten
J Aussicht auf Erbschaften, die sie machen können
K Lage der Immobilien und ihre Art
L körperliche Eigenschaften oder Missstaltungen, Talente, Umgangsformen und Religion der Töchter
M allgemeine Beobachtungen

So haben also deutsche Männer - und das waren Klespe und Wittgenstein doch von Geburt - auf Befehl der französischen Behörden das Amt von Heiratsvermittlern übernehmen müssen, um deutsche Mädchen an Ausländer zu verheiraten. Aber es erfüllt uns heute noch mit Genugtuung, dass kein einziges der in dieser amtlichen Liste aufgeführten Kölner Mädchen auf diesem „nicht mehr ungewöhnlichen Wege" unter die Haube gekommen ist.

Dass diese amtliche Heiratsagentur nur zu politischen Zwecken eingerichtet worden ist, wird wohl niemand bestreiten, und wir müssen Behnke recht geben, wenn er den ganzen Plan auf

Kaiser Napoleon I. selbst zurückführt. Dieser wollte die eroberten und annektierten Länder fester und inniger mit Frankreich verknüpfen und dazu schienen ihm die Herzensbande am geeignetsten; gleichzeitig würden, so mag der Kaiser wohl überlegt haben, der französischen Staatskasse auch die Kosten erspart, um den von Napoleon unter seinen Offizieren, Beamten und sonstigen Personen, die ihm zu Macht und Glanz verholfen hatten, neugeschaffenen französischen Adel zu dotieren, wenn man ihm in den annektierten Gebieten die Verbindung mit reichen Töchtern aus guten Familien leicht und bequem vermittelte. Daher griff er zu diesem brutalen Verfahren, das nur in einem rohen Despotismus seine Erklärung finden kann. Napoleon hat sich eben immer als Gewaltmensch gezeigt, und wenn es galt, politische Ziele zu erreichen, so war sein schrankenloser Ehrgeiz durch keine menschliche Regung, durch kein sittliches Empfinden gehemmt.

Wenn auch heute wieder trübe Wolken über das deutsche Vaterland ziehen und über dem Rheinland ganz besonders schwer hangen, so wird doch wenigstens in Herzensfragen kein Zwang mehr ausgeübt, und wir können sicher sein, dass die Heiratskomödie, - oder war es nicht eher eine Tragödie? - die im Jahr 1810 deutsche Männer auf französischen Befehl ausführen mussten, sich in unseren Tagen, denen man eine modernere Richtung, eine größere „Civilisation" nachrühmen will, nicht mehr wiederholen wird.

Die Listen enthalten nun, wie ausdrücklich hervorgehoben wird, die Heiratskandidatinnen aus den wohlhabenden Kölner Familien. Dass aber damals in den unteren und mittleren Klassen viele „kölsche Mädcher" mit Franzosen an den Traualtar traten, davon können wir uns aus den Kölner Kirchenbüchern von 1795 bis 1798 überzeugen. Nach einer Durchsicht der Eintragungen, die freilich stellenweise recht ungenau und zweifelhaft sind, konnte ich für den gedachten Zeitraum in den einzelnen Kölner Pfarren folgende Eheschließungen feststellen, wobei ich die Heiraten, bei denen sowohl Bräutigam wie Braut deutlich als Franzosen bezeichnet waren, nicht berücksichtigt habe: St. Alban 7, St. Aposteln 4, St. Brigida 3, St. Christoph 1, St. Jakob 2, St. Kolumba 24, St. Kunibert 5, St. Laurenz 2, St. Lupus 3, Maria-Ablass 4, Maria-Lyskirchen 3, Klein-St. Martin 7, St. Mauritius 6, St. Paul 8, St. Peter 19 und St. Severin 4.

Köln während der Erhebung Preußens

Die vaterländische Begeisterung, die sich im Jahre 1813 als die treibende Kraft für die Erhebung und Wiedergeburt Preußens erwies, hat damals aus erklärlichen Gründen in Köln kaum Widerhall gefunden.

Als das linke Rheinufer durch den Frieden von Luneville (9. Februar 1801) Frankreich zufiel, befand sich Köln auf einem traurigen, fast unglaublichen Tiefstand des Rückganges. Aber die Franzosen beglückten Köln mit ihren Neuerungen und Verbesserungen und haben damit für Köln und das Rheintal manches Gute gebracht. Jedoch die Steuerlasten und die beständigen Aushebungen drückten schwer, und so hatte auch die für Napoleon anfangs kundgegebene Begeisterung bald wieder nachgelassen und sich ins Gegenteil umgewandelt, so dass bei der zweiten Anwesenheit des Kaisers in Köln im Jahre 1811 die zur Ausschmückung und Beleuchtung der Stadt geforderten freiwilligen Beiträge nur zu einem geringen Teil geleistet wurden.

Gleichwohl hatten, mit wenigen Ausnahmen, die Kölner Bürger sich in das Unvermeidliche gefunden, da sie keinen Ausweg sahen, so bald wieder von Frankreich loszukommen. Ja sogar die niederen Volksklassen, die von der reichsstädtischen Zeit her an einen bequemen Lebensunterhalt durch Bettelei gewöhnt waren, wünschten durchaus keine Änderung, da sie, besonders nach Einführung der Kontinentalsperre im Jahre 1806, in dem Schmuggel eine reichfließende Nahrungsquelle erblickten, die mit dem Aufhören der Franzosenherrschaft sofort versiegt wäre. Außerdem hatten sich zahlreiche Franzosen in Köln niedergelassen und geschäftliche oder eheliche Verbindungen mit dem Kölner Bürgertum geschlossen, ferner hatten inzwischen französische Sitten und Gebräuche immer festeren Einfluss gefasst, und sogar die französische Sprache hatte, dank der Bemühungen der Behörden, im offiziellen Verkehr nur die französische Sprache gelten zu lassen, immer mehr Eingang gefunden und hat bis auf den heutigen Tag in der Kölner Mundart zahlreiche Spuren hinterlassen.

Ein besonders starkes Aufgebot an junger Mannschaft wurde von Köln verlangt, als Napoleon sich zu seinem waghalsigen, verderblichen Zug gegen Russland rüstete; ungefähr 300 Kölner mussten sich dem Riesenheere anschließen. Die Kämpfe, in denen Napoleon seit Beginn des 19. Jahrhunderts seine Siege errungen hatte und seine Oberherrlichkeit behaupten musste, hatten ihren Schauplatz weit ab von Köln gehabt und die Stadt selbst lange Zeit den Greueln des Krieges nicht ausgesetzt. Auch jetzt sah man in Köln dem Völkerringen getrost und in dem festen Glauben entgegen, dass Napoleon siegen werde. Nach anfangs günstigen und dann verschleierten Nachrichten rief erst das am 3. Dezember 1812 ausgegebene berühmte Bulletin um die Weihnachtszeit in Köln große Bestürzung und Unruhe hervor, denn man fürchtete, dass bei weiteren Niederlagen Napoleons der Kriegsschauplatz wieder an den Rhein verlegt werden könnte, und dass auch neue Truppenaushebungen erfolgen würden. Diese wurden auch tatsächlich vom Senat am 11. Januar 1813 angeordnet, und waren die promptester Antwort auf den Schritt des Generals York, der durch die Konvention von Tauroggen am 30. Dezember 1812 mit seinen preußischen Truppen zu den Russen übergetreten war. Die Kunde von dieser kühnen Tat war auch bald bis an den Rhein gedrungen, und rief in Köln die einzig bekannt gewordene öffentliche Kundgebung gegen Napoleon und für die Preußen und Russland hervor. Ein Mann - Tillmann Ollivier hieß der Kühne, der zu seinem Glück von den Franzosen nicht gefasst wurde - klebte am 12. Januar 1813 an dem inmitten des Heumarktes stehenden Börsengebäude ein Plakat an, auf dem er in folgenden Sätzen zum offenen Abfall von Frankreich aufforderte: „Der große Napoleon ist von der Armee fortgelaufen, nachdem Gott und die Russen ihn geschlagen. Preußen ist zur Hälfte zum Feinde übergetreten. Die französische Armee hat die Hälfte ihrer Leute verloren und will nicht mehr dienen. Jetzt verlangt Napoleon weitere 350.000 Mann und den Beutel dazu. Aber der Spaß hat ein Ende, er kriegt keinen Mann und keinen Groschen mehr. Niemand soll sein Kind mehr fortlassen. Wir wollen Frieden, und in sechs Monaten ist der Tyrann ermordet."

Und wie die Stadtverwaltung damals über den Opfermut der Kölner dachte, das ersehen wir aus dem nachstehenden Aufrufe des Bürgermeisters J. J. von Wittgenstein: „Es dienet zur Nachricht, dass auf der Mairie Köln ein Register zur freiwilligen Anwerbung der Jäger zu Pferde offen liegt, welche die Stadt Köln Seiner Majestät dem Kaiser angeboten hat. Die Mairie Köln wird denjenigen, die Dienst nehmen, ein ordentliches Handgeld bezahlen. Auch wird sie dieselben völlig ausrüsten lassen und mit Pferd, Kleidung und Waffen gehörig versehen. Später als bis zum 28. d. M. kann kein Engagement mehr angenommen werden. Köln, den 21. Januar 1813. Der Maire, Mitglied der Ehrenlegion, Reichs-Ritter J. J. Wittgenstein."

Hier wird also von den Kölnern Begeisterung und Opferfreudigkeit für die Sache Napoleons vorausgesetzt. Aber dasselbe Blatt (Feuille d'Affiches, 1813 Nr. 7), das diesen Aufruf brachte, enthielt auch mehree anonyme Inserate, in denen „für die künftige Conscription (Aushebung) ein Remplaçant (Stellvertreter) gesucht wurde." Diese Bürger schienen also für den Dienst unter der französischen Fahne nicht sehr geschwärmt zu haben.

Durch Yorks kühne Tat konnte der Rückzug der Franzosen nicht an der Weichsel, wie beabsichtgt war, zum Stillstand kommen, sondern musste an der Elbe fortgesetzt werden, wo er Mitte März endlich Ruhe fand. Zu gleicher Zeit zogen dann aus dem westlichen Europa neue Truppen heran, welche die Trümmer des Heeres ergänzen sollten; sie passierten auf ihrem Marsche zum Teil unsere Vaterstadt, und gaben ihr für kurze Zeit wieder ein buntes, kriegerisches Aussehen. Von der anderen Seite her brachten die in die Heimat zurückkehrenden Verwundeten und Krüppel nach Köln zahlreiche Krankeiten mit, besonders den Typhus und das Wundfieber, und übertrugen verheerende Seuchen auf die so lange verschont gebliebene Bevölkerung. Die Schrecken des Krieges und die mörderischen Krankheiten brachten so unserer Vaterstadt zu guter Letzt noch eine schwere Zeit, als im Osten schon das Morgenrot leuchtete, das die Sonne der Befreiung ankündigen sollte.

Es ist wohl nicht anzunehmen, dass die heimkehrenden Krieger die Russen und Preußen in besonders günstigem Lichte geschildert haben. Denn diese waren eben die Feinde für die einst zu Deutschland sich rechnenden, jetzt aber, wenn auch gezwungen und fast unbewusst, in französischem Geiste lebenden Kölner und Rheinländer. Und dabei waren diese verwundeten und entlassenen Soldaten fast die einzige Quelle, aus der den Kölner Nachrichten zuflossen über die gewaltigen Ereignisse, die sich im Osten zugetragen hatten. Auswärtige Zeitungen wurden in Köln nicht zugelassen, und ihr Eindringen strengstens überwacht. Und die Kölner Blätter? Was berichteten sie damals über den aus der Asche aufsteigenden Phönix, über die Heldentaten des sich wieder erhebenden preußischen Volkes? - Nichts, kein Sterbenswörtchen. Das französische Zentralisationsprinzip hatte den verschiedenen deutschen Zeitungen Kölns keinen langen Bestand gegönnt. Nach dem Willen Napoleons sollte die Zahl der in den früher zum Deutschen Reiche gehörigen Departements erscheinenden Zeitungen beschränkt und die Leselust hauptsächlich auf das in der Departements-Hauptstadt - das war für Köln Aachen - erscheinende Journal angewiesen werden. So waren alle in Köln herausgegebenen Zeitungen bis zum Jahre 1800 unterdrückt worden, und erst als Marcus DuMont, der Eigentümer der 1808 suspendierten Kölnischen Zeitung, dem Kaiser eine Schrift zur Wahrung seiner guten Rechte überreicht hatte, konnte sich Napoleon den vorgetragenen Gründen nicht verschließen und gab am 31. Oktober 1809 den Druckereibesitzern M. DuMont und Joh. Georg Schmitz, dem Eigentümer des 1809 ebenfalls unterdrückten Welt- und Staatsboten, die Erlaubnis, eine Vierzehntagsschrift unter dem Titel Mercure du Département de la Roer, verbunden mit den wöchentlich zweimal erscheinenden Feuilles d´annonces herauszugeben. Der Mercure sollte in französischer Sprache abgefasst sein, nur ein Drittel desselben durfte deutsch sein. Das Beiblatt dagegen musste in einer Spalte den französischen Text, in der anderen die deutsche Übersetzung bringen.

So wurde von den anderen unter strenger Aufsicht stehenden Blättern den Kölnern nur das mitgeteilt, was den Franzosen genehm war. Die Wahrheit über die Gefahren, in denen Frankreich schwebte, und die Siege, die das wiedergeborene Preußen erfocht, durften diese Zeitungen nicht bringen; zuverlässige Kunde wurde den Kölnern erst später durch die Verbündeten persönlich überbracht, als diese Napoleon gestürzt und die Kölner wieder zu Angehörigen der deutschen Nation gemacht hatten.

Der Abzug der Franzosen

Am 26. September 1813 ließ Napoleon den am 26. und 27. August über die Verbündeten bei Dresden erfochtenen Sieg auch zu Köln großartig feiern, und drei Wochen nach dieser letzten Siegesfeier fand vom 16. bis 18. Oktober bei Leipzig das gewaltige Völkerringen statt, durch das der Thron des allmächtigen Korsen ins Wanken gebracht wurde. Durch den Rückzug Napoleons hinter die Rheinlinie zerfiel der Rheinbund in sich selbst, und Deutschland war bis zum Rhein wieder frei. Die Folge war, dass bald darauf das von Napoleon geschaffene Königreich Westfalen einen jähen Zusammenbruch fand; der König Jérome, der als „König Lustik" bekannte Bruder des Kaisers, musste in größter Eile aus Kassel fliehen und weilte auf der Flucht nach Paris am 2. November auch kurze Zeit in Köln. Er nahm mit seiner Ehrengarde, die aus Panzerreitern mit weißen Kollern und blauen Aufschlägen bestand, in dem jetzt niedergelegten v. Geyrschen Hause (Breite Straße 92) Quartier. Hier übernachtete er auch, während seine Ehrengarde in dem zu einem Furagemagazin umgebauten Kreuzgange des ehemaligen Andreasstiftes untergebracht wurde. Am anderen Morgen wurde in aller Frühe die Flucht mit solcher Überstürzung fortgesetzt, dass die Ehrengarde das Gepäck mit Waffen, Panzern und Helmen im Stich ließ. Die kostbaren goldüberladenen Rüstungen wurden später auf das Rathaus gebracht und nach der Wiederbelebung des Karnevals im Rosenmontagszug zur Ausstattung der Ehrengarde des „Helden Karneval" benutzt.

Am 5. November 1813 traf in Köln der französische Marschall Macdonald ein, dem von Napoleon die Verteidigung der linken Rheinseite von Koblenz bis Nymwegen übertragen worden war. Auf seinen Befehl wurde am 7. November der Rhein gesperrt und jeder Verkehr mit dem rechten Rheinufer aufs strengste untersagt; ja Macdonald verschärfte diesen Befehl noch am 10. Dezember, indem er jedem, der den Rhein von einem Ufer zum anderen passierte, damit drohte: „als Spion behandelt und als solcher erschossen zu werden." Die Franzosen ließen nun alle zum Übersetzen tauglichen Schiffe, Kähne, Schalden von der rechten auf die linke Rheinseite bringen und hier in sicherem Verwahr festlegen. Kurz darauf zeigten sich in Deutz die ersten Kosaken, die Vortruppen der russischen Armee, und streiften auf dem rechten Rheinufer umher. Infolgedessen verschärften die Franzosen ihre Maßregeln: vom 16. bis 20. November wurde der größte Teil der Stadttore, besonders der Rheinpforten zugemauert, und am 25. November eine Bürgerwehr von vier Bataillonen mit etwa 4.000 Mann errichtet. Denn der Stadtkommandant hatte wohl erkannt, dass der Rückzug unvermeidlich sei, und verfolgte durch die Errichtung der Bürgerwehr die Absicht, auch nach dem Abzug der französischen Truppen, an deren spätere Rückkehr die Franzosen selbst immer dachten, Ruhe und Ordnung in der Stadt zu sichern. Marschall Macdonald hatte unterdessen sein Hauptquartier nach Wesel verlegt und beauftragte den am 7. Dezember in Köln eingetroffenen Divisionsgeneral Graf Sebastiani, einen Landsmann und persönlichen Freund Napoleons, mit der Leitung der Abwehrmaßregeln zwischen Mosel- und Lippemündung. Sebastiani verfügte jedoch nur über etwa 4.500 Mann und musste sich deshalb darauf beschränken, seine Truppen hier und da zu zeigen und einzelne kühne Versuche des Feindes, über den Rhein zu treten, durch Wachsamkeit zu vereiteln.

Seit dem 15. Dezember stand der preußische Major von Boltenstern mit einem kleinen Freikorps in Mülheim a. Rh., um das Gebiet rheinaufwärts bis zur Siegmündung zu beobachten. Als er am 2. Januar 1814 hörte, dass Blücher in der Neujahrsnacht bei Kaub und der russische General St. Priest am 1. Januar bei Koblenz über den Rhein gezogen seien, beschloss er, unterhalb Kölns das gleiche Wagnis zu versuchen, obwohl ihm nicht unbekannt war, dass Köln von den Franzosen noch so stark bestezt war, dass er mit seinen geringen Streitkräften nichts ausrichten konnte. Um die Aufmerksamkeit der Kölner Garnison abzulenken, ließ er 30 Jäger und 30 Landsturmmänner unter Hauptmann Bock in Kähnen nach Königswinter fahren, um dort bei Nonnenwerth über den Rhein zu gehen. Zur selben Mittagsstunde wie Bock bei Nonnenwerth war Major v. Boltenstern mit 20 Jägern, 20 russischen Dragonern und 150 bergischen Rekruten bei Mülheim über den Rhein gegangen, hatte die Franzosen an einer am Rheinufer gelegenen Schanze geworfen und sie bis an die Häuser von Riehl verfolgt. Aber Sebastiani hatte die Augen offen gehalten; er ging mit überlegenen Streitkräften vor und griff das kleine Häuflein mit Ungestüm an. Tapfer wehrten sich die Jäger Boltensterns, aber da es ihnen bald an Munition mangelte, mussten sie zurückweichen, und die Unordnung bei der Einschiffung und das heftige Kanonenfeuer der Franzosen fügten ihnen große Verluste zu. Major v. Boltenstern, einer der Letzten, wollte sich mit seinem Pferde schwimmend durch den Rhein retten, aber, von mehreren Kugeln getroffen, versank er in den Fluten. Mit Rücksicht auf die späteren Schicksale der Stadt Köln ist es immerhin bedeutungsvoll, dass es gerade ein preußischer Offizier war, der den ersten tatkräftigen Schritt unternahm, um unsere Vaterstadt von dem Joch zu befreien. Bei der kühnen Tat Boltensterns hatten die Franzosen etwa 20 Gefangene gemacht, die in der alten kölnischen Reitschule an der Wollküche untergebracht wurden. Unter den Gefangenen befand sich auch ein Kölner Bürger mit Namen Prinz, der als Schiffer dem Major von Boltenstern Fährdienste geleistet hatte. Prinz wurde wegen Hochverrats vor ein Kriegsgericht gestellt, und da er mannhaft bekannte, von den Plänen Boltensterns gewusst zu haben, zum Tode verurteilt und auf der Mülheimer Heide erschossen. Dieser biedere Mann aus dem Volke, der sein Leben hätte retten können, war in Köln das letzte Opfer der Gewaltherrschaft.

Wenn auch nach den damaligen Verhältnissen zu erklären und zu entschuldigen, so ist es doch tief beschämend, wenn wir hören, welche Stimmung gegenüber der kühnen Heldentat Boltensterns sich in einem Teil der Bevölkerung geltend machen konnte. Kaum war Sebastiani mit seinen Truppen, die Major von Boltenstern zurückgetrieben hatte, in die Stadt zurückgekehrt, so erließ der Maire J. J. v. Wittgenstein am selben Tage in französischer Sprache eine Bekanntmachung „an die Bewohner Kölns“, aus der hervorgeht, dass die Bürger Kölns dem seit langer Zeit unter den Mauern ihrer Stadt so ungewohnten Waffenlärm ihre Ohren keineswegs verschlossen haben, sondern, als der Versuch Boltensterns, die Stadt zu überrumpeln, durch die Alarmierung der Garnison allgemein bekannt wurde, sich den Soldaten angeschlossen und diese sogar in ihrer Bewegungsfreiheit behindert haben. Dass hier aber nur müßige Neugierde die Triebfeder war, und ein Aufwallen des deutschen Patriotenherzens noch nicht sich kundgab, das ersehen wir aus der „Feuille d´Affiches“ (Nr. 3 vom 9. Januar), der einzigen, damals in Köln erscheinenden Zeitung, die aus dem „Journal de la Roer“, dem in Aachen herausgegebenen Regierungsblatt, folgenden Auszug brachte: „Köln, 4. Jänner. Ein Einwohner von Köln, der nicht bekannt seyn will, hat durch Vermittlung des Herrn Platz-Kommandanten, der Infanterie vor der Garnison einen Hektoliter Burgunder Wein geschenkt für ihr schönes Betragen vom gestrigen Tage, 3. Jänner, wo sie die feindlichen Truppen, die es gewagt hatten, bei unserer Stadt das französische Gebiet zu betreten, auf das rechte Rheinufer zurückwarf, nachdem sie ihnen einen beträchtlichen Verlust beigebracht hatte."

Die große Freude über die blutige Abweisung des preußischen Majors sollte bald wieder schwinden. Denn das Gerücht, dass eine große russische Armee sich dem Niederrhein nähere, hatte auch in Köln immer festere Gestalt angenommen, trotz aller Ableugnungen und Entstellungen, die von den französischen Behörden fortgesetzt unter der Bevölkerung verbreitet wurden. Die französischen Unterbeamten, ebenso die Veteranen und die Angestellten der Steuer- und Zollämter begannen, ihr Hab und Gut zusammenzupacken oder zu Spottpreisen zu verkaufen, um die bedrohte Stadt mit Weib und Kind rechtzeitig verlassen zu können. Die Archive wurden fortgeschafft und die Regierungskassen nach dem Innern in Sicherheit gebracht. Da nun nicht nur die militärische Lage der Franzosen sich zusehends verschlechterte, sondern auch die materielle Not von Tag zu Tag zunahm, sah sich Graf Sebastiani veranlasst, eine Art Kriegssteuer auszuschreiben, und der Unterpräfekt bestimmte am 5. Januar den Anteil der Stadt Köln auf 11.738 frcs 90 c. Am 9. Januar antwortete hierauf der Maire v. Wittgenstein, die Stadt habe an Kriegssteuern usw. schon mehr geleistet als jede andere Stadt und sei wegen völliger Erschöpfung nicht imstande, einen so bedeutenden Barbetrag aufzubringen. Und ehe weitere Maßregeln erfolgten, war die Macht der Franzosen gebrochen. Diese letzte Brandschatzung war nicht mehr geglückt.

Der längst erwartete Befehl zum schleunigen Rückzug der Kölner Garnison wurde am 11. Januar abends durch einen Kurier überbracht, und General Graf Sebastiani berief noch für denselben Abend einen Kriegsrat, der in dem prächtigen Gartensaal des v. Geyrschen Hauses (jetzt im Kölner Kunstgewerbemuseum) abgehalten wurde und bis Mitternacht dauerte. Schon vorher war das Gerücht laut geworden, der französische Kriegskommissar wolle bei dem bevorstehenden Abzug der

Garnison alle Furagemagazine und die in dem von 1811 bis 1813 angelegten Sicherheitshafen am Türmchen untergebrachten Schiffe den Flammen preisgeben und außerdem mehrere angesehene Bürger als Geiseln mitnehmen. Dieser Plan kam auch in dem Kriegsrat zur lebhaften Erörterung, aber General Graf Sebastiani widersetzte sich allen diesen allzu schroffen und ungerechten Maßregeln, indem er das gute Verhalten der Kölner und die sorgsame Verpflegung der Kranken und Verwundeten durch die Bürger mit Erfolg geltend machte. Der General gab nur insofern nach, dass er die Schiffe und die „fliegende Brücke" durch Anbohren für einige Tage unbrauchbar gemacht wurden, um den Rückzug in militärischer Hinsicht zu sichern. Dadurch, dass der General seine ganze Autorität in die Wagschale warf, hat er die geplanten Gewaltmaßregeln verhütet und sich bei den Kölnern ein dankbares Andenken gesichtert.

Nun begann man sich zum allgemeinen Abmarsch zu rüsten. Alle noch zurückgebliebenen Archive und Kassen wurden schleunigst in der Richtung auf Frankreich fortgeschafft und, was nicht verschwiegen werden soll, alle Privatschulden der französischen Beamten getilgt. Nachdem der größte Teil der Zivilbeamten die Stadt verlassen hatte, folgte auch die Garnison. Am 14. Januar 1814, morgens 8 Uhr, zu derselben Stunde, wo der höchste Zivilbeamte in Köln, der nun seines Amtes verlustig gehende Unterpäfekt R. J. A. v. Klespé, den Tod seiner Gattin zu beklagen hatte, versammelte Sebastiani die gesamte Garnison auf dem Neumarkt; sie bestand aus wenigen Bataillonen Infanterie, dem in dem Dominikanerkloster untergebrachten Artillerie-Regiment, das zwölf Kanonen mitführte, einer Abteilung Chevaulegers, den berittenen Gendarmen und einer Anzahl Veteranen. An der Spitze seiner Truppen verließ General Sebastiani friedlich und feierlich die Stadt und hielt selbst einige Soldaten, die beim Abmarsch von Leuten der untersten Volksklasse beschimpft wurden, von Gewalttätigkeiten zurück. Zum Abschied rief er einigen Bekannten die seitdem oft wiederholten Worte zu: „Adieu jusqu´a la belle saison!", ein Beweis, dass er, vertrauend auf die Feldherrengröße Napoleons, an eine Wiederkehr der französischen Truppen im Frühjahr fest glaubte. Vom Neumarkt ging der Weg durch das „Loch am Marsilstein" über die Hahnenstraße und durch das Hahnentor in der Richtung auf Bergheim und Jülich zu. Die französischen Truppen legten also in umgekehrter Richtung denselben Weg zurück, den etwa zwanzig Jahre früher ihre Revolutionsbrüder gekommen waren, um das bis dahin unbezwungene Köln ohne Schwertstreich zu besetzen und zwanzig Jahre lang allen erdenklichen Drangsalen zu unterwerfen. Jetzt auf ihrem Rückmarsch schritten die Franzosen vorbei an dem stillen Totenakker in Melaten, den Napoleon selbst angelegt und durch seine letzten Kriege so schnell bevölkert hatte, vorbei an der kleinen Kapelle zu Melaten, in deren Nähe am 6. Oktober 1794 der Magistrat der freien Reichsstadt Köln dem französischen Revolutionsgeneral Championet in tiefster Unterwürfigkeit die Schlüssel der Stadt überreicht hatte. Es erfüllte sich auch hier Napoleons Lieblingswort: „Il faut que les destinées s´accomplissent."

Kaum hatte die französische Garnison die Stadt verlassen, da begann die Hefe des Volkes in einem wilden Freudentaumel ein wüstes Befreiungsfest zu feiern und ließ in Spottliedern auf Napoleon und die Franzosen ihren lange gebändigten Gefühlen freien Lauf. Alles, was die Franzosen zurückgelassen hatten, Schilder, Wappen, Adler usw., wurde herabgerissen und in den Straßenschmutz getreten, in den verlassenen Amtszimmern und Zollwachstuben wurden die Möbel und Fensterscheiben zertrümmert, und das ausgeraubte kaiserliche Tabakmagazin lieferte manchen für lange Zeit Freitabak. Einige Zerstörungssüchtige Patrioten machten sich sogar ein Vergnügen daraus, den am 10. November 1812 gelegten, eine napoleonische Inschrift tragenden Grundstein zur Einfahrt des Sicherheitshafens herauszuwühlen und auf einem Dreckkarren zum Schindanger zu fahren. Dieses mit jubelnder Freude so wunderlich vermischte wüste Treiben wurde durch die Ankunft des ersten Kosaken, der gegen Mittag am Salzgassentor landete, unterbrochen. Der begeisterte Volkshaufen begrüßte ihn als Erretter, bewirtete ihn im Übermaß mit Branntwein und geleitete ihn im Triumph zum Rathaus. Ja, als man später versuchte, ihn durch die Stadt zu tragen, rief einer aus dem Volke von einem Eckstein aus der Menge zu: „Reckt in meer ens erüvver, dat ich in och ens bütze!"

Erst am folgenden Tage (15. Januar) kam an der Trankgasse eine größere Anzahl Kosaken mit ihren Pferden über den Rhein. Einige Bürger, die sie umarmen wollten, wurden von den misstrauischen Russen mit Kanschuhieben zurückgetrieben, wodurch sich ihre patriotische Aufwallung bald kühlte. Den Kosaken folgte eine Abteilung preußische Infanterie unter dem Obersten v. Lasberg, der bis zum 17. Januar Stadtkommandant war. Als dann die „fliegende Brücke“ wieder in Betrieb kam, folgten bald größere Truppenmassen, hauptsächlich wieder Russen, und an Stelle der französischen begann nun eine russische Herrschaft, die bei der Bürgerschaft nach kurzer Begeisterung einen solchen Unwillen hervorrief, dass die Kölner vor den auf Speise und Trank sehr begierigen Kosaken alle Nahrungsmittel, sogar die Unschlittkerzen verstecken mussten. Der russische General Baron v. Wintzingerode ernannte am 17. Januar den russischen Major v. Klemmert zum Stadtkommandanten, der im v. Grooteschen Hause (Glockengasse 3) Wohnung nahm. Wohl auf seine Vorstellung erließ der Bürgermeister v. Wittgenstein am 17. Januar folgende Bekanntmachung: „An die Bewohner von Köln. Mit lebhaftestem Unwillen habe ich leider vernommen, dass viele Bürger ihrer Einquartierung nicht dasjenige zukommen lassen, was derselben gebührt. Dem Soldaten gebührt, in hinreichendem Maße zum Frühstück Suppe mit Butterbrot oder Kaffee mit Butterbrot, zum Mittagessen Fleisch, Suppe, Gemüse und Bier, zum Abendessen Fleisch, Butterbrot und Branntwein. Wer solches dem Soldaten nicht abliefert, wird als ein Widerspenstiger behandelt werden und sich die unangenehmsten Folgen zuziehen.“ Am selben Tage, an dem Major v. Klemmert das Kommando übernahm, gab er den Befehl, die vermauerten Stadttore wieder zu öffnen. Die Bürger leisteten bereitwillig Hilfe und rissen zugleich den auf der Rheininsel stehenden Grenzpfahl nieder und zertrümmerten das an diesem befestigte französische Wappen.

Durch den Abzug der Franzosen war die lang im stillen gehegte Hoffnung, dass Köln wieder freie Reichsstadt werden könne, unter dem demokratischen Bürgertum von neuem rege geworden. Nicht alle Kölner, aber doch recht viele aus den besseren Kreisen und aus dem Mittelstand träumten, schwärmten und redeten wieder von einer selbständigen, unabhängigen Reichstadt, von Bürgermeister und Rat, von einer Wiederbelebung der Zünfte, und beschlossen deshalb, an den russischen Stadtkommandanten eine Deputation zu senden und diesem ihre Wünsche vorzutragen. Aber Major v. Klemmert antwortete ebenso höflich wie bestimmt, dass er die Gesinnung der Bürgerschaft und das ihm geschenkte Vertauen zu schätzen wisse, aber er habe von den Verbündeten den Befehl erhalten, die Stadt in derselben Verfassung zu belassen, in der er sie in Besitz genommen habe, und schickte die Bittsteller unverrichteter Sache nach Hause.

Diese ernüchternde Antwort rief bei der so frohgemuten, hoffnungsvollen Bevölkerung eine ebenso große wie allgemeine Entmutigung hervor, und die Kölner mussten sich allmählich mit dem Gedanken vertraut machen, dass die alte Reichsherrlichkeit endgültig zu Grabe getragen sei. Gleichwohl glaubten einige Heißsporne, an ihrer Spitze der alte Stadtsyndikus Wilmes, ein Übriges tun zu müssen, und wollten die Wiedereinsetzung der alten Reichsfreiheit beim Kaiser von Österreich nachsuchen.

Wilmes verfasste eine umfangreiche Denkschrift, die von der vornehmen Bürgerschaft vollzogen und dem Kaiser in Wien überreicht werden sollte. Allein viele angesehene Mitglieder des alten Senates fanden diesen Schritt bedenklich, und vor allem der Bürgermeister von Wittgenstein erhob seine warnende Stimme, indem er zu bedenken gab, dass die allgemeine politische Lage noch nicht hinreichend geklärt sei, und indem er auf die Gefahr hinwies, die der Stadt entstehen könne, wenn die Franzosen nun doch noch einmal wiederkehren sollten. Es war also der Gedanke, dass trotz der großen Siege der Verbündeten und trotz ihrem ungehinderten Vorrücken auf der ganzen Linie das Kriegsglück sich aufs Neue auf die Seite Napoleons wenden könnte, wie auf der ganzen linken Rheinseite so auch in Köln damals noch nicht ganz geschwunden.

Am Spätabend des 5. April 1814 läutete es in Köln mit allen Glocken. Die Kunde von der Einnahme von Paris am 31. März war nach Köln gelangt, und mehrere begeisterte Bürger folgten dem Beispiel, und bald läutete es von allen Türmen. Der der Kirche St. Maria in Lyskirchen gegenüber wohnende Brauer Jansen rief in die Wirtsstube „Paris ess üvver! Et lück an alle Kirche!“ und da die Lyskirchener nicht zurückbleiben wollten, holten sie beim Offermann (Küster) Venedey die Schlüssel und zogen mit aller Kraft an den Glockensträngen. Als sie nach einer Stunde in Schweiß gebadet in die Wirtsstube zurückkehrten, saß dort der Küster Venedey und begrüßte sie schmunzelnd. Er belehrte sie dann, dass sie ohne Klöppel geläutet hätten, weil eben das Riemenwerk erneuert werden sollte. Die Begeisterten hatten in ihrem Eifer nicht gehört, dass die Glocken keinen Ton gaben und mussten später noch oft die Scherzfrage hören: „Gon mer noch ens noh Lyskirche lügge?“

Das weitere Schicksal der Stadt wurde, wie bis zur Befreiung durch die Waffen, später durch die diplomatischen Verhandlungen der Verbündeten entschieden. Durch den Pariser Frieden vom 30. Mai 1814 und die Wiener Kongressakte von 1815 wurde mit den Rheinlanden auch die Stadt Köln am 15. Mai 1815 dem Königreich Preußen einverleibt. Als die erste Kunde von dieser Neuordnung nach Köln gelangte, da entlockte sie dem Bankier Abraham Schaaffhausen die klassischen Worte „Jöses, Maria, Josep! Do herode mer ävver en en ärm Familje!“

Aus diesem kurzen, derben Satze, den man später durch den Zusatz „ävver mer sin dobei rich gewode“ treffend ergänzen konnte, spiegeln sich die Gefühle wider, mit denen damals die preußische Herrschaft in Köln begrüßt wurde.

Kölsch un Französisch

Da Köln in seiner Geschichte immer wieder mal zu Frankreich gehörte, hat das Französische natürlich jede Menge Spuren im Kölschen hinterlassen. Es ranken sich auch etliche Krätzjer un löstije Verzellscher (Witze und lustige Geschichten) um die französische Zeit.

Einmal soll jemandem zur damaligen Zeit mitten in der Stadt das Pferd jeck gewoode (wild geworden) und mit dem Hinterteil voraus in eine Schaufensterscheibe gedonnert sein, was diese nicht überlebte.

Ein hinzueilender französischer Soldat fragte, was passiert sei. Einer der Zeugen soll darauf halb französisch, halb kölsch geantwortet haben: „La Pääd, la Futt, la Finster" (Das Pferd, der Popo, das Fenster).

Aber es soll auch Kölsche gegeben haben, die etwas mehr Französisch konnten. So manches „kölsche Mädsche" muss damals wohl ein Pussiersche (Flirt) mit den jungen französischen Wehrpflichtigen gehabt haben, die außerhalb der Stadt in Zelten lagerten. Wenn sich dat Weesch (das Mädchen) mal wieder heimlich dorthin aufmachte und von seinen Eltern gefragt wurde, wo es hin wollte, kam als Antwort „visiter ma tante", was eigentlich heißt „meine Tante besuchen".

Das französische Wort für Zelt (tente) wird allerdings fast genauso ausgesprochen wie das für Tante, und gemeint war natürlich der attraktive Mann im Militärzelt und nicht die eigene Tante. Dieses Wortspiel wurde aber irgendwann durchschaut.

Und wenn die Eltern mal wieder zu hören bekamen „visiter ma tante", antworteten sie: Maach kein Fisematente (mach keine visiter-ma-tante). Aus dieser Verkölschung von „visiter ma tante" ist allmählich ein Wort für Hintertückisches und Unerlaubtes im allgemeinen geworden, das auch andere Dialekte übernommen haben.

Die Stelle, wo die Zeltlager standen, heißt heute Melaten (kölsch: Malåte). Das Wort kommt von frz. Maladie (Krankheit), denn es gab dort auch ein Feldlazarett.

Die Tatsache, daß Melaten heute der größte Friedhof von Köln ist, soll angeblich nichts mit der Leistungsfähigkeit des alten Lazaretts zu tun haben.

Weitere französiche und eingekölschte Lehnwörter sind:

Kölsch	Deutsch	Französisch
Kundewitt	Benehmen	conduite
kötte	betteln	queter
Dääz	Kopf	tête
plümerant	schwindelig	bleu morant
malätzisch	abgeschlafft / übel	malaise
Panz	Kind	pance
Plaisier	Gefallen	plaisier
Troddewaar	Bürgersteig	trottoir
Lamperie	Wandverkleidung	lambris
Luschewa	Liebhaber	liègeois
Schäng	Johannes / Hans	Jean
tschö / atschö	tschüß	adieu
schaluu	eifersüchtig	jaloux
Plümmo	Federbett	plumeau
pover	arm, ärmlich	pauvre
Schaschant	Polizist	sergeant
Pååz / Pootz	Pforte / Tor / Tür	porte
us der Lamäng	aus dem Effeff	la main

Auch heute noch werden Fremdwörter ins Kölsche aufgenommen. Im Gegensatz zu hochdeutschen Wörtern werden echte Fremdwörter nämlich rigoros eingekölscht.

Die englischsprachige Bezeichnung für Flughafen *airport* spricht man hemmungslos als *Eerpocht* oder als *Ääpet* aus. Da kommt man kaum noch darauf, dass das mal Englisch war.

Der Beitrag *Kölsch un Französich* (S. 77 ff.) wurde dem Kauderwelsch-Band 105 *Kölsch - die Sprache einer Stadt* (S. 33 f.) von Michael Thiergart entnommen. Verlag und Herausgeber danken dem *Reise Know-How Verlag Peter Rump GmbH* aus Bielefeld für die freundliche Abdruckgenehmigung.

Spielebücher von Josef Broich

Anwärmspiele
über einhundertdreißig Gruppenspiele
160 Seiten, ISBN 3-88735-016-2
Entspannungsspiele
über einhundert Gruppenspiele zu Ruhe, Bewegung, Stille
128 Seiten, ISBN 3-88735-015-4
Gruppenspiele anleiten
Vorbereitung und Durchführung
128 Seiten, ISBN 3-88735-014-6
Körper- und Bewegungsspiele
über einhundertdreißig Gruppenspiele
160 Seiten, ISBN 3-88735-017-0
Phantasiespiele für Gruppen
über einhundert neue Spiele mit Bewegung, Körper, Kontakt
128 Seiten, ISBN 3-88735-010-3
Rollenspiel-Praxis
Vom Interaktions- und Sprachtraining bis zur fertigen Spielvorlage
128 Seiten, ISBN 3-88735-018-9
Seniorenspiele
über einhundert neue Gruppenspiele mit Bewegung, Kontakt, Vergnügen
128 Seiten, ISBN 3-88735-012-X
Spielspaß mit Kindern
über einhundert Kinderspiele mit Bewegung, Spannung, Action
128 Seiten, ISBN 3-88735-011-1
Sprachspiele Gruppenspiele mit Körper und Stimme
128 Seiten, ISBN 3-88735-009-X

Köln-Bücher

Franzosen in Köln 1794 bis 1815
80 Seiten, ISBN 3-88735-207-6
Kölns Geschichten, Sagen und Legenden
80 Seiten, ISBN 3-88735-203-3
Rheinsagen
Geschichten entlang des Stromes
80 Seiten, ISBN 3-88735-204-1
So war die Eifel
Sitten, Sagen und Gebräuche
ISBN 3-88735-208-4

Spiel und Theater

Josef Broich **Spiel-Bibliographie [1]**
Literaturnachweis 1980 bis 1994
Bibliographisches Handbuch zu Spiel, Bewegung, Animation
336 Seiten, ISBN 3-88735-107-X
Josef Broich **Spiel-Bibliografie 2**
Literaturnachweis 1995 bis 1998
Bibliografisches Handbuch zu Spiel, Bewegung, Animation
320 Seiten, ISBN 3-88735-110-X
Josef Hense / Heiner Kötter / Ulrike Türk: **Circusspiele**
Ideen für die Circuspraxis
Kölner Spielecircus e.V. (Hrsg.)
160 Seiten mit zahlreichen Abbildungen
ISBN 3-88735-013-8
Theo König **Zwischen Himmel und Ehrenfeld**
nach dem gleichnamigen Theaterstück des Kölner Spielecircus e.V.
96 Seiten, ISBN 3-88735-206-8
Jakob Jenisch **Szenische Spielfindung**
Gruppenspiele und Improvisationen
Josef Broich (Bearbeiter)
80 Seiten, ISBN 3-88735-008-1
Platon M. Karschenzew
Das schöpferische Theater Reprint
242 Seiten, ISBN 3-88735-007-3

Familienbildung

Familienbildung heute
Perspektiven oder Luxus. Dokumentation Stadt Köln, Jugendamt / Interkultureller Arbeitskreis Migration und psychische Gesundheit e.V. (Hrsg.)
176 Seiten, ISBN 3-88735-109-6

Kunsttherapie

Praxisfelder Kunsttherapie
Wolfgang Domma (Hrsg.)
mit zahlr. Fotos und Abbildungen
176 Seiten, ISBN 3-88735-106-1

MATERNUS

Severinstr. 76, D-50678 Köln, Tel. (0221) 32 99 93, Fax 31 13 37